飞翔的蜗牛

"渐冻人"的生命笔记

（修订版）

曲晶 著

求真出版社

飞翔的蜗牛

我是一只笨笨的蜗牛
梦想到很远的地方流浪
世人明目张胆地笑
仿佛蚂蚁要绊倒大象

背起重重的壳出发
出发即是一种抵达
一步一步
去触摸世界的模样

我爱泥土与青草的芬芳
也爱山泉和百灵的歌唱
爱麦子舞蹈爱瓜果甜香
小小行者，心走无疆

风来了，雨来了
有些疼痛，有些忧伤
想象彩虹浮现天际
嘴角渐渐轻扬

远方外还有远方
爱和勇气给我力量
插上隐形的翅膀
生命与梦想一起飞翔

1973年，曲晶 1岁

1995年，曲晶骑车上班

2019年曲晶与父母于承德避暑山庄

2014年，曲晶参加真人图书进高校

2016年，曲晶参与组织残疾人旅行

2018年，曲晶母亲放歌玉龙雪山

曲晶80岁父亲
济公模仿秀

曲晶父亲笔下的
齐白石老人

2015年，曲晶参加武汉樱花笔会

2019年，曲晶与父母于瑞士雪朗峰顶

推荐序 1

生活不容易，但可以选择以什么姿态面对

这是我第一次给别人的书写序言。

作为一个全职写作了 11 年的人，每天跟文字打交道，看过太多的爆款文章，已经很难有文字能打动我。

曲晶是个例外。

她的文字不算优美，也不是爆款的路数，但每一句话、每一个字，都饱含深情，让人在阅读时，不自觉地嘴角上扬，心也慢慢安静下来。

更让我惊喜的是，她居然可以把生活过得这么丰富多彩。

她参加网络歌手比赛，到大学里演讲，到草原骑马，和年迈的父母一起旅行，写作、带货、赚钱，给父母买他们不舍得买的东西，给自己买站立轮椅。

这一切，身体健全的人尚且不一定能做到，身体"渐冻"的曲晶却做到了，真的忍不住要为她鼓掌。

你以为这背后是咬紧牙关的坚持？是苦得不能再苦的血泪交织？

痛苦当然有，但在曲晶的笔下，这一切都那么云淡风轻，她沉浸在其中，为自己做到的这些事而开心自豪，从来没有抱怨，没有觉得自己是苦行僧。

她真正做到了接纳并享受生活给予的一切，在每一个普通的日子里恣意绽放。

这才是最打动我的。

孔子评价学生颜回：一箪食，一瓢饮，在陋巷，人不堪其忧，回也不改其乐。

曲晶又何尝不是呢？她面临的健康状况，她生活的种种不方便，别

人觉得不堪忍受，她却乐在其中，因为她的关注点从来不在这些事情上面，她更关注每一天要怎么过，这一生要怎么活得精彩。

不仅是她自己，她年迈的父母，她身边的朋友，都是那么可爱又有趣。通过她的文字，我们仿佛能看到这些人的一颦一笑。他们或许不富有，甚至身体不够健康，但他们的爱，以及对生活的热情，却比任何人都强烈。

这已经让人很动容了，没想到，曲晶给我的惊喜远不止如此。

她自己尚且需要人帮助，却拖着病体做公益，用自己微薄的力量，帮助他人改变命运。

她还在肌肉越来越无力的情况下，一个字一个字地敲出了这本十几万字的书，还用视频记录自己的生活，在公众平台上运营账号。

看到她做的事情，我常常忘记她的身体状况，也会自叹不如，想做的事情，她都努力做到了，哪怕像蜗牛一样慢，但最终都到达了目的地。而我自己呢？有多少想做的事，却迟迟没有付诸行动？

所以看曲晶的文字，我有两种感受。一种是：我要尽快行动，想做什么立即去做，只要行动起来，全世界都会让路。另一种是：不要焦虑了，静下心来慢慢往前走吧，哪怕再普通的我们，也已经拥有那么多了，还有什么可焦虑的呢？

曲晶的文字，以及她这个人本身，是有治愈功能的。

希望每一位拿起此书的读者，都能被治愈。

生活从来都不容易，但我们可以选择以什么样的姿态面对。

汤小小　作家、写作培训师

2022 年 8 月

推荐序 2

跃动的生命之歌：我眼中的曲晶一家人

曲晶马上要过50岁的生日啦！我惊叹岁月流逝之快。一个“渐冻人”的生命，即将闯进50岁大关，是一种怎样的悲喜之情呢？

按常理来说，“渐冻人”能活多久需要根据自身情况和护理情况决定。护理的比较好，没有出现并发症，一般能活2～5年，最长不过10年。全球寿命最长的“渐冻人”霍金是著名物理学家，2018年3月14日去世，享年76岁。一生传奇的他，21岁确诊“渐冻症”，医生们曾在2009年预言他的寿命恐怕到了尽头，没想到霍金打破了预言——从确诊到2018年去世的时间长达55年，临床上极为罕见。

或许，曲晶也创造了一个生命奇迹吧！她患有广义“渐冻症”——进行性肌营养不良症，从确诊到今年50岁，已经39年了。放眼全世界，这也是不多见的。

我关注她们一家有10年了，也看过曲晶的不少文章。可不知为什么，当我这次提笔要为她再版新书作序时，耳边便一直萦绕着当年她送我的自己翻唱的歌曲《你的眼神》：

像一阵细雨/洒落我心底/那感觉如此神秘/我不禁抬起头看着你/而你并不露痕迹/虽然不言不语/叫人难忘记/那是你的眼神/明亮又美丽/啊，有情天地/我满心欢喜……

跃动的生命之歌无休无止地唱着，一遍又一遍，回响在我的耳畔，回荡在我的人生之路上。

回顾我俩的相识，那感觉也有点神秘。

我先知道的是"E梦飞扬"这个网名，后来确认她叫"曲晶"，是"渐冻人"。我当时看到的是她在残疾人2012第七届《生命之歌》征文里的文章《在写作中修行，去遇见未知的自己》，写的是史铁生离世后她对生命对生死的追问。她写自己与史铁生老师一样"点儿背"，重残之外，又患有绝症，如同被命运逼入死角。但她没有放弃，参与创办了"精彩同行"网站，遇到了一群热爱生命但被重病折磨的伙伴。短短几年间，她无数次地看到众多病友因各种重压，从身体到精神备受煎熬，甚至失去年轻的生命。

她选择了突破障碍，坐在轮椅上，勇敢地走出去，毅然踏上了"寻梦之旅"。2010年春，在60多岁双亲的陪伴下，她从秦皇岛出发，用24天游历了无锡、上海、杭州、南京、青岛、北京等10个城市。回来后，她用无力的手指历时一年，完成了21万字的旅行笔记。

曲晶描述了写作时的神秘感觉："写作时，指尖上捻花，我的文字和思想可以在纸上或屏幕上奔跑、跳跃，甚至飞翔。只有文字世界，让我自由地呼吸，让我张开不太硬气的翅膀，去飞。"2012年底，痴迷写作的曲晶终于出版了自己的第一本著作《飞翔的蜗牛》，这圆了她的作家梦。

除此以外，她还成为秦皇岛首部真人图书，受邀走进北大、清华、燕大、绥中利伟中学等，去演讲并和学生们交流；多年来投身公益，被秦皇岛市誉为"港城张海迪"；圆梦大学，成为荣誉学员；做电商养活自己，还拉着父母和她一起办网站、做直播。

我不由地感叹：这是一个跃动的生命。

有人说，生命的跃动常常在人生最精彩或最凄凉的时候出现，如果我们忽略它，它会让我们后悔不已；如果我们重视它，它会让我们受益匪浅。这就是人生。起伏的人生若有了生命的跃动，便会是一个精彩的人生！

2013 年 5 月，曲晶应邀来北京参加活动，我在科技部附近的一家专家宾馆见到曲晶与始终呵护陪伴她的父母，还有她的大姨。曲晶的老父亲展示了他学国画的作品照片，我也听到了曲晶母亲非常甜美的歌声。这一家人积极乐观和向善向上的精神，深深打动了我。

我们要感激创造这个奇迹的她和她的父母。冥冥之中，我一直坚信：曲晶和她已年近八旬的父母，正在用三人的合力创造生命的奇迹！此刻我的耳边再次响起她的歌声，不过这歌声里仿佛不是她在独唱，还有她父母的伴唱。

各位朋友，我讲到这里，你们听懂了吗？你们看懂了吗？这就是我要介绍的传递爱和温暖的“渐冻人”作家曲晶。我还要添上一句，就是打动她的《小王子》里的一段话：“眼睛能看到的是有限的，重要的是用心灵去看。”让我们一起用心灵去看这个世界，用善良和智慧让这个世界变得更加美好吧！

曲晶，在你 50 岁的生日来临之际，祝你和你的爸爸妈妈健康、快乐、长寿！他们陪伴你的时间愈长愈好！

叶咏梅　原央广文艺之声主任编辑

2022 **年** 8 **月**

推荐序 3

一个“渐冻人”，让我突破了对健康的认知

首先我想说，微信视频号是一个很奇妙的社交平台。它能让二个素昧平生的人，在二三个月的时间里，通过在直播间的交流，成为原本在生活中需要一二十年才能交往下来的好友。我和曲晶就是在视频号上结下不解之缘的好友。

记得初识曲晶是在“飞哥之约”直播间，飞哥是一位心存大爱、乐于助人的主播。那天，“飞翔的蜗牛曲晶”作为新进直播间的朋友，被飞哥邀请上麦分享。虽然是语音连麦，看不到真人影像，但曲晶的声音还是给我留下了深刻印象。她很礼貌地表达了对飞哥的感谢，随后，语气平和地介绍说自己是一位广义“渐冻症”患者。

说来也巧，最近二年里，我身边已有二位要好的朋友先后被确诊患上“渐冻症”。其中一位小我三岁，刚确诊后精神几近崩溃。后来经亲戚引导受洗为基督徒，才不再畏惧死亡。如今已坚持三年多，肌肉萎缩让他整个人看上去只有原来的一半大小。我每次去看望他，内心留下的只是无奈与酸楚。

结识曲晶之后，她的表现让我对“渐冻症”患者的认知乃至对健康的定义，都有了很大突破。

先是知道她出了自己的第一本书《飞翔的蜗牛》。这足以让我肃然起敬。因为我很清楚，要想自己写一本书并获得出版，可不像我们说说那么容易。一个可以十指并用轻盈地敲击电脑键盘的人敲出十几万字尚且不容易，何况是一位双手仅有一个手指可动的“渐冻人”，而电脑键盘的每个按键都被“折磨”得伤痕累累。

蜗牛为什么会飞呢？这究竟是怎样一个突破罕见病禁锢，不走寻常路的女子？出于敬意和好奇，我下单了一本《飞翔的蜗牛》。书很快寄到，我迫不及待地打开，扉页上写着“冬牛老师雅正，感恩视频号让我们相遇，有趣的灵魂总会彼此吸引”。那隽秀的字迹一看便知是练过硬笔书法的。

书前彩页照片中，一对年迈父母微笑着站在她身后。而坐在轮椅上的曲晶，脸上毫无表情。后来我才知道，她的面部肌肉不能“工作”——不管心里有多么高兴，都无法用笑容表达出来。面肌僵硬，对一个女子来说是多么残忍。

我忍不住拨通了她的手机，接通后她开口就叫一句：冬牛哥。顿时感觉她就是我身边的邻家小妹。第一次通话便一“见”如故。虽是语音，但我能听出笑容从她的心中绽放出来——那出自灵魂的自由，以及对生命的热爱与珍视。

我随即做了一个安排：每天晚上在我直播时间，亲自诵读《飞翔的蜗牛》，按每天一个章节的节奏，分享给直播间的朋友。我很高兴不少朋友在直播间订购了这本书，并给予好评。有朋友说，读的过程中，有时笑出声，有时又感动落泪……

说起来，我也算是职业文字工作者，在各种出版物里留下的文字也有近百万字了。只是多年的机关工作练就了一套“八股”行文功夫，几乎没有文采。但我对别人的文章“吹毛求疵”的能力还一直保留着。

读曲晶这本书，每个章节我都是一口气读下来。她的文笔轻盈流畅，可读性极强。更难得的是她的文风诙谐幽默，想必是她在多年与病魔斗争中磨练而成的。当然，这也深受她双亲基因遗传的影响。她八十岁的老爸就是一个乐观积极、风趣幽默的人。而她的母亲来自书香之家，生就一副好嗓子。曲晶妈妈如今年近八十，唱京剧一开口便韵味十足，惊艳直播间。二位八旬老人陪伴曲晶，全心全意照顾她，一路风雨兼程五十年，还去过很多地方旅行。在旁人想来，只有一个词：不可思议！

实际上，我更愿意把曲晶爸妈比作一对神奇的翅膀。是他们坚定的信念、乐观的精神、无私的奉献，才让曲晶有可能化身为一只"飞翔的蜗牛"。

最后再说说曲晶带给我对健康认知的突破。

我跨界从事健康科普20多年，对世卫组织对健康的定义烂熟于心：健康是指人在身体、心理和社会适应等方面处于完美状态，而不仅仅是不得病或不孱弱。

随着和曲晶交流越来越多，我渐渐发现，虽然她不能行走站立，虽然她不能驱动笑肌，虽然她的生存之路满是荆棘，但她让我对健康的定义有了一次大胆的突破：健康并不是疾病的简单对立，真正的健康应该是指一个人抱有强烈的生存勇气并保持积极乐观的精神状态。身体有疾患怕什么？机体有残障又怎样？健康面前只有五个字：那都不叫事！

曲晶的身体不是世卫组织定义的完美健康状态，但她呈现给我们的却是健康的完美状态。当你读过这本书，你一定会和我一样恍然大悟。曲晶可不仅仅是一只"飞翔的蜗牛"，她更是一个能量满满的魔盒。任何一个人都可以从她这里轻松获取巨大的、健康的赋能支持。

捧着这本书，一口气把它读完。你一定会有所感受！

陈冬牛　好乐士健康顾问创始人

2022年8月

再版自序

《十年》是由林夕作词、陈奕迅演唱的一首经典歌曲，唱哭过无数人。

想想，人生不过几个十年而已。

孔子他老人家曰过：“三十而立，四十而不惑，五十而知天命……”

寒来暑往间，身体“渐冻”的我，居然已走过人生第5个“十年”，而距我第一次出版这本书也过去了整整十年！

我叫曲晶，来自东土大秦（东边的秦皇岛），与取经的唐僧一样，注定要经历许多磨难和考验。

我生于1972年，是一位资深病人。打出生一百天就开始频频生病，潜伏在躯体里的怪兽连克各路中西医高手，也克我这“房东”。各种求医问诊及被误诊，直到12岁我在北京被确诊了“进行性肌营养不良症”。

貌似温和的生僻病名，却暗含杀机，这是世界顶尖医生都拿它没辙的罕见病——患者全身的肌肉会随年龄增长越来越无力，仿佛被渐渐冻住，直到心肌、呼吸肌衰竭。

我不断地失去着一部分的自己。小学三年级走路变跛，中学蹲起吃力拄上拐杖，2008年无法行走和站立，后来胳膊举不起来，手指伸不直，无法自己穿脱衣服，连睡觉翻身都变得艰难……

行动迟缓，常年蜗居，像不像一只背着重壳的蜗牛？蜗牛壳看似坚硬，实则很脆弱，一捏就碎。

重病叠加重残，幸运的是我有一对非常爱我且乐观的父母。他们今年快80岁了，依然不敢老，支撑着、照顾我的生活起居。在过去十几年里，二老支持我做公益，还克服重重困难，带寸步难行的我出去旅行看世界——我们一共去过了国内外60个城市。

我用变得无力的手指写了近百万字。2012年这本书首次出版，谨以此献给我的白发爹娘、亲人朋友，也献给逝去的伙伴和所有热爱生命的人们！

有人会问：蜗牛爬得奇慢无比，你的书为何叫"飞翔的蜗牛"呢？请去书里探寻答案吧。

出书后，天生胆小自卑的我，人生仿佛开了挂，有了许多的"第一次"：

第一次参加秦皇岛市网络歌手比赛，意外获季军；

第一次到大学当着500多位师生演讲，激励了一些年轻人；

第一次作为罕见病真人图书作者，受邀走进北大、清华交流分享；

第一次扑进草原的怀抱，在老同学的帮助下圆了儿时的骑马梦；

第一次加入本地公益团队，去帮助有需要的人们，还改变了一个贫困儿童的命运；

第一次参加线下笔会，赏武汉樱花，见证了比樱花更美的真情；

第一次做微商，赚钱给父母添置他们不舍得买的衣服、鞋子、平板电脑，为自己买了站立轮椅；

第一次和父母走出国门，与十位病友抵达欧洲，在威尼斯的贡多拉船上放歌，在巴黎卢浮宫内寻宝，在瑞士境内海拔2970米的雪朗峰峰顶比个yeah！

……

人生不设限，有梦想就有可能！所谓自由，就是脑子里没有障碍。

我在肌力衰退且被多种疾病困扰的十几年里，也有许多痛苦、煎熬、恐惧的时候。

有过连续的彻夜难眠，有过用被子掩住脸悄悄流泪。

有想过是不是我走了，爸妈就不用这么辛苦？

2021 年 3 月，我从轮椅上栽下导致髋关节骨折，也跌入人生的至暗时刻。那时的我吃喝拉撒完全不能自理，担心自己下不了手术台或脱离不了呼吸机……

幸运的是多年来，家人、朋友、老师、同学和许多陌生人给我关爱、支持与鼓励，让我知道自己不是一个人在战斗。

我又来到视频号学习，开启直播，遇见以萧大业老师为代表的一批良师益友，有了更多神奇的链接。

生命只有一次，唯有努力拼搏，才会绽放美丽！

我心怀感恩，克服病痛投身公益，做一些力所能及的事。比获得感动河北年度人物称号更重要的是，在帮助别人的过程中，自己收获了更多喜悦和爱。就如我喜欢的一句话：爱出者爱返，福往者福来。

我被一些人贴上了“自强不息”“励志姐”的标签，但我也有脆弱、困惑、纠结的时候，有过短暂的躺平与迷失。好在没有放弃，继续走在探索的路上，努力成长，做一个终身学习者。

十年间，我又经历了很多事，遇见了许多人，也实现了一些梦。

此时再版修订这本书，有了新的内容、思考和视角。

“境随心转则悦，心随境转则烦。”

改变不了做蜗牛的命运，我依然选择快乐地出发，向上生长。

万物皆有裂痕，那是光进来的地方。苦难重重，但也蕴含着美好和希望。把光种在心底，就能照亮自己、温暖他人。

曲晶

2022 年 8 月

目 录

CONTENTS

第一篇 来之痛

第二篇 爱之翼

第三篇 梦之巅

第一篇　来之痛

生命是一场旅行，也是一场修行。我曾因罕见病导致的残疾胆小自卑到不可救药，但选择了远方，为了自由与梦想，就要承受那些伤，那些痛。所有的经历都在重塑自己。人生没有白走的路，每一步，都算数。

生而不凡

2018 年 12 月 23 日，我应邀进京参加瓷娃娃十年老友答谢会。瓷娃娃罕见病关爱中心，是国内规模特别大的民间公益组织。答谢会近尾声时，乐队久久地击鼓，带领全场高呼：“十年呐喊，生而不凡!”

“生而不凡”几个字撼动了我的心。患上罕见病，我注定生而不凡哈——与自负没半毛钱关系，所以修订本篇文章时，借用在标题里。

每个人来到这个世界都是偶然的，我的出生就是一个时代大迁徙的间接结果。

1965 年，有个家在北京、父亲是大学教授的女大学生从工商管理学院毕业后，不老实留在北京等着分配工作，“偏”热血沸腾地响应国家号召，志愿到艰苦的内蒙古去支援边疆建设。6 年后，这位大学教授的女儿，与来自沈阳的某位清贫但有些才华的支边青年结了婚。

他们就是我的父母。

多年后，我有时想，他俩如果没有主动放弃留在繁华的大城市，没有相遇，我会出生在怎样一个家庭？废话嘛，那样怎么会有我!

1972 年 8 月 25 日，我以嘹亮的哭声宣告报到。当护士将一个粉嘟嘟的小生命抱给妈妈时，她惊异于我的手脚比一般婴儿要大些，头发黑黑的，亮晶晶的眼珠滴溜转……初为人母，心中满满的幸福和喜悦。

一百天时，本人平生第一张照片定格，胖乎乎的，吐着舌头，眼睛望向又高又远的地方，可爱到我都想穿越回去轻轻咬一口。

妈妈很快就去上班了，奶奶从沈阳赶来照看我。内蒙古的冬天很冷，老太太生怕把小孙女冻坏了，总把我置于热炕头上"煲"着。在一次外出时我受了风，患了重感冒。小孩子是纯阳体质，热病难医。

不久，我又被喂伤了脾胃，牛奶喝"顶"了，拒绝再喝一口！20 世纪 70 年代初，小城集宁物资匮乏，家人绞尽脑汁换着样喂，我却不给面子，变得面黄肌瘦，头发像枯草一样。营养不良，抵抗力就弱，佝偻病、急性肝炎、肺门淋巴结核……大病小病接力赛一般，纷纷乘虚而入，父母常半夜三更抱着突然发高烧的我就往医院冲。

我一岁左右正学走路，又生了场大病，发高烧、抽风惊厥。输液时用上了进口的强效红霉素，烧总算退了，但白细胞依然高。那场病最终没能确诊，而我学会走路的时间推迟到了两岁。

又过了一年多，我被妈妈带回北京探亲，青青表哥发现，这个妹妹总板着脸，怎么不会笑呀？原来，我的面肌已受到侵害。几十年来，我竟没有一张微笑的照片！

我对失去笑容这件事很郁闷，不知有多少次问妈妈："我小时候会笑吗？""怎么不会笑？月子里我天天瞧着你，一会儿哭了，一会儿笑了，猫一天、狗一天的……"据母亲回想，我某次病后笑起来嘴一侧有些歪，再后来不歪了。家人只当我常被病折磨得苦，不爱笑了。

童年的我经常摔跤，膝盖总是旧伤未愈新伤又来报到，被当作体弱及缺钙。直到 5 岁时右腿变细，妈妈才意识到问题的严重性，赶紧带我奔赴北京的大医院。

脑电图报告显示我的大脑“广泛中度异常”，但“不影响智力”。想做肌电图，偏又赶上医院设备故障错过了。

西医没办法，当医生的四姨推荐了一位年过六旬、人送绰号“苏一趟”的老中医。为什么叫“苏一趟”？老先生医术高明，小病找他看一回就好了，用不着跑第二趟！

可凡事总有例外。有个笑话就说：“祖传牛皮癣，专治老中医！”

话说“苏一趟”给我诊脉后，把眉毛拧成了个疙瘩：“哎呀，这孩子病得不轻，七窍不通啊！”妈妈受惊不浅，七窍不通怎么活呢？于是求老中医救救孩子。老先生便开了不少中药。

当时我的表情发呆，被怀疑是面神经麻痹，又被带到北大医院针灸科。一位60开外的刘大夫开始为我扎针。

一根根长短不一的毫针刺入我细嫩的头面部、手、腿……妈妈不忍心看我受苦，出人意料的是我表现得极其懂事和淡定。非但不像别的小孩那样哭闹，还总是在左手被扎后，便自觉地伸出右手。旁人见一个5岁的小妞如此镇定，倍感惊奇。刘大夫针法精湛，并不很痛。他一脸和善，扎完针灸还送给我一些好看的小卡片以示鼓励。

有次治疗时刘大夫没在，他年轻的助手技术不佳，扎得我很疼，但我还主动提醒她有两个穴位少扎了针，请她补上。

经过个把月的针灸治疗，我原本呆滞的眼神活络了许多，可惜妈妈假期已满，要带我回内蒙古的小城了。刘大夫仔细写下要针灸的穴位，嘱咐我们回去坚持治疗。当我回到当时医疗水平落后的小城后，意外发生了——没扎两次，我就被扎得晕死过去！吓得家人只好终止了针灸治疗。

“苏一趟”当年给我开了不少中药，一包包的，药方以毒攻毒，好像有蝎子和其他猛药。我扎针虽然乖，却极怕喝中药，实在受不了那苦味和怪味，抵死都不肯喝。父母灌不下去只得依了我。

“我不喝药，你们怎么不采取强制手段呢？换作我是父母，岂会由孩子任性?!”多年后，我没心没肺地反问。

那年头，脊髓灰质炎（俗称小儿麻痹症）很常见，我的病在很多年里也被误认为小儿麻痹症。我 7 岁时，双胞胎弟弟出世，父母八小时工作时间外忙得团团转。

我刚上小学时还可以慢慢跑，与同学们一起上早操和体育课，放学后一起玩跳皮筋、打沙包。后来右腿日渐无力，须用右手抵在腿根部，一瘸一拐地走路。开始流行迪斯科和霹雳舞时，我躲在角落里艳羡，偶尔悄悄在家扭几下。那时，我的手臂抬起也有些吃力了。

听说本地一位姓卢的私人医生治疗肌肉萎缩有一套，我去治过一段时间，扎针灸、做按摩，还配合吃些研成面的药剂。卢大夫让我坚持练习蹲起，可那个动作我很难完成，常偷懒。经卢大夫治疗，肌病症状虽无明显改善，但我的胃口好多了。

12 岁时，传来一个好消息：一批专家到了山西省大同市，能通过手术矫正小儿麻痹症，效果不错。父亲满心欢喜地带我坐火车赶去找他们，医生检查后却说我患的并非小儿麻痹症，疑似“进行性肌营养不良症”，而手术对我的病无能为力。

那个暑假，我在北京宣武医院通过肌电图被确诊患上了“进行性肌营养不良症”。这是一种会随年龄增长全身肌肉越来越无力的绝症，由基因缺陷引起，在女孩中极为罕见，发病率仅为十几万分之一！按理说千里姻缘更符合优生规则，可我发生了基因突变。“目前，医学界没有治疗或延缓该病发展的办法，继续观察吧。”

结果，这一观察，很多年又过去了。

传统中医和西医都治不好，气功兴盛那几年，咱也习练过好几种功法，没走火入魔，也没奇迹发生。

1993 年，父亲在一档中央电视台的节目中看到石家庄某医院治疗肌病有重大突破，满怀希望地带我前往。那是种非常昂贵的中成药，名叫“肌萎灵”，味道令人作呕。我捏着鼻子喝了几个月，钱花了不少，病却不见好转。尽管如此，我仍要说那药有效，因为以后喝别的中药，我不再觉得难以下咽了！什么叫“曾经沧海难为水”，你懂的！

比起大多数病友，我求医的经历算不上太曲折。近年来，本人全身的肌肉依然在唱着“衰退进行曲”，但我心态比较平和。我向史铁生老师学习，学会了敬畏自己的病，尽量跟它和谐共处。

我认识的许多病友都去世了。我还活着，并折腾着，还爱上了旅行，去过一些地方，前几天刚从“新马泰”归来。活着就是王道，总归有份希望——期待肌病被攻克的一天。

啊，如果真好了，你猜，我第一件事会去做什么呢？

遗落的书包

“小呀嘛小二郎，背着那书包上学堂……”这是我小学时很喜欢的一首歌，我们学校据此编排的舞蹈成为参加文艺汇演的保留节目，还拿过大奖呢！

每逢 9 月开学季，我都会情不自禁地怀念起当年读书的日子，怀想被琅琅书声浸润了的教室和学子。

曾经，我很喜欢去嗅新书淡淡的墨香。每学期发下课本，我都会很兴奋，仔细地裁好牛皮纸或旧挂历，包好书皮，然后高高兴兴地背着书包上学去。

可是，藏过我少年及青春之梦的书包何时遗落了？又遗落于岁月的哪个角落？

常年蜗居在家后，我就算偶尔出门也总离不开人陪伴，戏称自己成了没有钥匙、没有书包也没有钱包的“三无人员”！

父亲年轻时是集宁发电厂的技术工人，我家住在电厂的家属大院，与铁路第四小学仅一墙之隔。还在学龄前，当学校播放起广播体操的音乐，我便眯起眼睛，透过院墙青砖的缝隙，窥视着另一边，想象着自己背书包及戴红领巾是怎样的幸福。

可因为身体弱、爱摔跤、胆子小，父母让我晚上了一年学。

8 岁那年秋天，我有了平生第一个书包，是母亲用一件穿旧的红条绒袄改造的——衣服的前后片被裁剪为书包的主体，衣领被顺势做成了书包盖，铆了铜扣，配上背带……崭新的课本、田字格本、印着小动物的铁皮文具盒连同我的兴奋与忐忑，一起装进了这个 DIY 的书包中。我是一名小学生啦！

后来我光荣地加入了少先队，做过班里的小队长，还当上过二道杠的宣传委员。那时爬上椅子和桌子没啥问题，我还曾负责出过好几年的黑板报哩。

旧衣服改的书包我背了好几年，放学时常和小伙伴们一起玩耍，多么无忧无虑的童年啊！

小学五年级，我参加内蒙古自治区举办的中小学生作文竞赛，获得了三等奖的好成绩。奖品包括钢笔、精美的硬皮日记本和一个军绿色的帆布书包。当时，拥有这样一个书包是很神气的，我一度成了父母和学校的骄傲。

然而，我腿部的肌肉却在日渐萎缩——从开始能与小伙伴一起跑跳、游戏发展到走路一瘸一拐，手臂慢慢举不到头顶了，书包也显得沉重起来。

我被宣告患上了一种罕见的不治之症，最可怕的是身体会不断地衰弱下去。父母没有向我隐瞒这个残酷的现实，他们用保尔和张海迪姐姐的故事激励我。我懂得了珍惜和努力的意义，想着掌握更多知识才能做个有用的人。

我学会了骑自行车，也多了一根拐杖。

升入中学，离家远些了。我骑车上学，将书包放进车筐中，再把拐杖穿过车后座绑在车梁上。不管风霜雨雪，我没有迟到过。内蒙古的冬天特别冷，下场雪常半月化不掉。数不清有多少次我在冰面上滑倒，书包也飞了出去。雨天，为避免书包淋湿，我将雨披的前端罩在车筐上，小心地呵护着。可当我连人带车倒下时，书包也滚落到泥水中。我咬牙爬起，顾不得流血的膝盖，总是先捡起书包："伙计，没事的，回家咱俩一起洗干净。"

上了十几年学，我在老师和同学眼中一直是品学兼优的好学生。偏有一次闹了个笑话。

我其实也很贪玩。一个夏日的午后，上课铃响，我们几个同学气喘吁吁地与老师前后脚进了教室。那是一堂生物课，我突然发现：糟了，书包没在课桌里！原来我只顾玩，将书包忘在外面的台子上了！于是红着脸报告给老师，老师笑眯眯的，教室中也传来大家的哄笑声："敢情曲晶同学也犯这样的错误哈！"坐我后面的陈晓云捂嘴乐着，替我找回了书包。

同学们见我走路艰难，常老远看到我就跑过来，接过书包，扶我上下楼。

春夏秋冬、花开花落……

匆匆逝去的往往是最美好的时光！我怎么也想不起，自哪一天开始丢了自己的书包。有一天，听罗大佑充满淡淡伤感的歌，我忽然泪流满面。"流水它带走光阴的故事，改变了我们，就在那多愁善感而初次回忆的青春。”

一阵喧哗，放学的孩子们背着漂亮的书包，走过我的窗前。

如今的“小公主”“小皇帝”们生活条件优越，书包却越来越重，脸上天真的笑容也少了。

遥想当年，尽管物质条件差，没有滑板、乐高、手机、电子游戏，但我们拥有过更纯真、快乐的童年。在我们的书包里，除了书本、橡皮筋，可能还有青草和野花编的花环、味道酸涩的小沙果，没准哪个淘气男生的书包里还藏着一只小刺猬，正冲你狡黠地眨动着一双小眼……

 我与自行车的故事

一条山路曲曲弯弯，望不到头。泥泞的路上，只有我一个人。

我使劲儿蹬着自行车，越来越吃力，终于摔了下来。膝盖磕在石头上，殷红的鲜血汩汩而出……

我却没有感到疼痛。

又一次午夜梦回，我骑上了久违的自行车！而梦醒时，身边只有轮椅泛着清冷的光。

那些铃儿响叮当的日子远去了，触不可及。

早想写一篇关于自行车的故事，这个梦触动了记忆的闸门。

“我一定要学会骑车！”

自记事起，我走路就跌跌撞撞，无比羡慕别人可以自由地奔跑。长大点儿，看小伙伴们“飞车”而过，一颗心不觉又痛又痒。

很多年里，母亲一直骑着我四姨留给她的旧自行车。在我四年

级时，一辆漂亮的“飞鸽”飞进家门。那银亮的车圈熠熠生辉，铃声清脆悦耳。每当母亲快下班时，我都跛着腿走出好远相迎。她便推着车走，我借机蹬一会儿，过过瘾。

我体弱，也很胆小，但被这“飞鸽”勾住了魂。终于有一天，我鼓足勇气宣布自己也要像其他孩子一样，学会骑自行车！

我生怕母亲不同意，不料她笑着点头：“好哇！以后上中学离家远了，你会骑车就方便多了。”

在20世纪80年代初，自行车可算得上不少家庭的大件呢，要省吃俭用攒好久钱才能买一辆。舍得让孩子拿新车出去摔的家长几乎没有！至今回想，我还感念母亲的慷慨。

骑车重要的是掌握平衡，可我右腿肌肉萎缩，总是歪倒。弟弟年幼，爸妈没太多时间陪我练习，我只好一个人学。我从推车开始，然后尝试蹬一蹬，掉下来，手和腿都挂了彩。怕家人心疼，我极力在他们面前忍痛掩饰。

大院的邻居不相信我能学会骑车，有些小孩儿起哄：“小瘸子，骑车子，倒了摔个屁墩子！”

我咬着嘴唇，泪在眼圈里打转，生生憋回去。不知摔过多少跤，暑假快结束时，我终于让那些嘲笑变成了惊叹。

很多时候，成功就是不断重复，就看你能否咬紧牙关，坚持下去。

当我骑行在操场上，看着绿草茵茵，感觉天空似乎也比往常更为湛蓝。调皮的风儿掠过耳畔，长发随之飘扬。我如一只快乐的小鸟，第一次有了飞翔的感觉。

铃儿响叮当，伴我风雨行

升入中学，离家远了，母亲将飞鸽车让给我，她依旧骑破车上下班。

内蒙古的冬天冷到骨头里，气温常在零下二三十摄氏度。我的脚每年都会因冻疮而破溃。

呼啸的北风卷着飞雪扑面而来，眼睛都难以睁开。我战战兢兢地骑行在冰面上，难免来个人仰车翻。有次在路口一捏闸，脑袋砸向地面。一声闷响，满眼金星！车子压住残腿，半天动弹不得。

放学回家，必经的大土坡成了每天要攻克的"一号高地"，骑不动时就一点点地蹭。往往有热心的同学扔下自己的车，跑着助推我冲上高坡。

那时，燕宏与我最要好。她每次见我蹒跚着向教室走来，都从楼上跑下来接我；放学时又帮忙背书包，扶我走到车棚。

1988年冬，我家要搬到另一个城市。燕宏推车带我离开校园时，同学们正在做课间操。我不舍地张望，想把一切印在脑海里。走出校门，早已泪流满面。

到秦皇岛时，我已离不开拐杖，右腿明显无力且弯曲变形。每次骑车前，须先将拐杖用带子固定好，再跨坐于横梁上，以左脚踏地启动，前行一段后撑起身体，方能坐到车座上蹬起来。

转年的秋天，我被秦皇岛财经学校录取，开始了住校生活。

周末骑车回家，是一场40多分钟的消耗战。途经白塔岭，有一段既长又陡的斜坡。我总在快上坡前猛蹬几脚，借惯性往上冲一段。骑不动了，就坐到梁上，以左脚踏地驱车前行。四五百米的坡显得那么漫长！我给自己打气，想想什么愚公移山啦，精卫填海啦，就觉得自己这点困难算个啥！

有年暑假，我与父亲决定骑自行车去北戴河的鸽子窝公园游玩。骑行一小时，浑身是汗的我喘着粗气问："累死了，还有多远啊？""大概10分钟吧。"

父亲的回答让我看到了曙光，可骑了 10 多分钟，仍不见公园的影子！“就在前边了，再坚持 10 分钟！”我的腿酸痛不已，并开始发抖，只好咬牙前行。接下来又经过了第 3 个、第 4 个 10 分钟……终于，隐隐望到鸽子窝的鹰角亭。那天，我的心与涛声一起澎湃。小弟抓到螃蟹，雀跃不已。我累得几近瘫软，但终归战胜了自己。

几年后，我成了一家工厂的会计。早晨骑车到单位，中午在外面对付着吃点东西。这时蹲下已难站起来，为了少上厕所，我尽量不喝水。傍晚骑车回去，还要艰难地拄着拐杖爬楼。

随着肌病的恶化，我的力量更弱了。到后来，从单位出来就开始一步步地踏着地蹭着走，快到家了，还没能坐到车座上蹬起来。

雨天更艰难。摔在泥水里，胳膊肘和腿都磕破了。爬不起来，有几个路人看了看，冷漠地离去。好几分钟后，我总算被一位阿姨搀扶起来。我继续上路。可没骑一会儿，腿一软又摔下来……我满身污渍和伤痕地回到家里，换下脏衣，用被子蒙着头，无声地流泪。

我知道自己有一天将再也无法骑车，甚至无法走路，只希望这一天晚些到来。

有个黄昏，我骑车出门，行至路口，突然被一位逆行的骑车人撞倒，头重重地砸在地上，晕死过去。迷糊中觉得身边围了不少人。“撞了残疾人还逃跑了，真可恶！”“这孩子头上流了那么多血，快送医院吧。”也有人嘀咕：“待会儿她醒了，赖上咱怎么办？”

我头疼得厉害，努力睁开眼睛，直想吐。当被问及家住哪里、叫什么名字时，我想了一会儿才记起家庭住址。当时家里还没安装电话，有人到我家报信去了。一位陌生的大哥抱起我，把我送到了附近的医院，并垫付了治疗费用。医生缝合了我后脑勺的伤口。爸妈闻讯赶来，那位大哥却悄然离去了。至今，我也不知这位好心人的名字，唯愿好人一生平安。

永失我爱

"飞鸽"伴我多年，历经无数磕碰，除了铃不响哪儿都响。

工作几年后我换了辆"凤凰"。新车轻便多了，可没骑多久，车在楼道里丢了。

又买了辆"永久"。除了原来的车锁，还在楼道的栏杆处拴了根粗铁链，加了把大锁，同时锁住车的前轮。

我显然低估了盗贼的技术水平，听说"高手"撬开汽车的锁都用不了几秒钟！我们小区有户人家更倒霉，前后丢过 7 辆自行车！

我的第二辆新车没骑多久再次被盗。于是我写了篇小文《"凤凰"飞了,"永久"也飞了?》。咱拿贼没办法，只好调侃下自己啦。发表在晚报上，换回几个小钱儿，聊以自慰。

在小偷的"教育"下，我学乖了，不敢再买新车，让发涩的旧车继续发挥余热，还在老"飞鸽"的尾灯处刷了橘红色的油漆做记号。这辆拥有猴屁股般尾灯的破车，终于不再被贼惦记，任我骑着招摇过市。

我的身体状况继续变差，上下楼变得困难。1999 年深秋，我到濒临破产的单位办点事。当时，我并未意识到这竟是自己最后一次骑车。那之后，我基本无力出门。

有一天，这辆陪伴我 20 余年的飞鸽车——我亲密的伙伴——被父亲以 20 元的价格，卖掉了。

我有些伤感，但没说什么。想起"小虎队"的那首歌："欢乐与伤悲，成长的滋味，每滴眼泪都珍贵。Bye-bye my love，轻轻说再会，别让离愁惊醒那眼泪……"

如今，我已靠轮椅代步好多年，有时还会望着别人骑车经过而出神。

往事如昔。

感谢生命中曾有与自行车相伴的岁月。一起经历的那些风风雨雨和磕磕碰碰，都藏在记忆深处。

有时似乎忘了，或假装忘记了，却一次又一次，重逢在梦里……

 假如生命只剩最后三天

看于娟的《此生未完成》，掩卷，心中几多感慨。

那样一个风华正茂、前程似锦的灵性女子，当查出患有乳腺癌时已是晚期并骨转移了。在生命最后的日子里，她作为女儿、妻子和母亲，对过往的生活进行反思，悟出所谓名利权情皆为过眼浮云，一样都带不走，健康和平淡的生活才是最珍贵的。

难得她忍着蚀骨的剧痛和人间地狱般的病痛折磨，将一本抗癌日记写得幽默睿智。读这本书，我笑喷过，有时又不觉湿了眼眶。好书有一个共性：读者不仅仅在读别人的故事及思想，也从中看到自己，由共鸣带来启迪。

于娟走了，将对生命的感悟留给了世人。

我不由想起自己在2002年写下的一篇文章，准确地说，是发在论坛上的一个帖子——《假如生命只剩最后三天》。那时，我还叫“泡菜”，在“黑夜日出”网站当版主；那时，我单纯且缺乏自信，认为自己只是个“没有故事的人”。回望时发现，那时的自己有些矫情和可笑，但无论如何，这个旧帖记载着自己昔日关于生命与死亡的一些思考。

现在，我更坦然一些，每个来到世上的人都是一种偶然，向死而生，都将殊途同归。死亡的存在，正可以提醒人们学会珍惜，不去无节制地浪费生命，心存敬畏，思考什么才是最重要的，学会取舍的智慧。心底有爱有梦，听从内心的召唤，去爱人，也被人爱和需要，就是一种幸福。人最重要的是活在当下，过好每一天。这样，当那个终极的日子真的来临，便能无悔吧。

推荐一部经典电影《遗愿清单》，那是一部很有趣、富有哲理的电影。

回想那一年，有个叫刀郎的男人用苍凉的嗓音唱响了《2002年的第一场雪》。人生若能按几下电脑的退格键就回到过去，该有多好！对了，按现在流行的说法，叫穿越。以下，就通过一条分割线穿越回2002年。

————————————————————————————

我曾不止一次地想到甚至说起过自己的死亡（每个有正常思维的人应该都考虑过这个绕不开的终极命题），以为自己可以比较坦然地面对。然而，昨天看到论坛上有人发起一个话题：如果你知道生命只剩下三天，打算怎样度过？我依然一惊，脑海中竟出现一片空白。

当已知生命只剩下最后三天，我该做些什么呢？我极力想把思绪梳理得清晰一些，却发现真的很难。看了一些朋友的答案，有感动，也有茫然。

如果我这最后的三天不是非得躺在医院的病床上靠呼吸机和各种插管苟延残喘，而是可以自如地安排，并假定我甚至比现实生活中更自由，不受肌病的限制，我会做什么呢？啊，想象真好，可以打破现实的藩篱，海阔天空任我行。

买几份人寿保险把受益人写上家人的名字肯定是没戏了，此假想三秒内即被枪毙。论坛“清凉茶社”走了“泡菜”版主，还会有更好的继任者。不知有几人会为我流泪呢？

假如生命只剩下三天，我想去做一两件一直想做却始终没勇气做的事。身为处女座，我有着追求完美的天性，可偏偏理性和求稳又成了限制自己的障碍，便常挣扎于理想与现实之间。生命即将结束，我想勇敢地尝试着改变一下，比如冲浪、蹦极，比如向暗恋多年的人表白，比如……少留下一些遗憾。

记得上中专时读海伦·凯勒写的《假如给我三天光明》，她说如果能看到东西，第一天她要深深地凝视安妮·莎莉文老师的脸，也会把朋友们召集来，将他们的面庞铭记于心。

假如生命只剩下三天，我想与家人一起度过。来到世上几十年，我欠家人的实在太多太多！父母给了我无私的爱，包容我所有的乖戾和任性，而我却无力回报。在最后的日子里，我愿尽己所能，帮爸妈洗熨好衣服，为他们做几顿可口的饭菜，挽着他们的手臂一起散步、逛商场，为一向节俭的二老添置几件衣衫。

我一直羞于向家人“表白”，如果生命即将终结，我会拥抱他们，并对他们说出我的爱，感谢家人的呵护。父母大半生操劳，虽然没有多少财富，但遗传给我乐观和真诚待人的天性。祈求有来世，我还做他们的女儿，做个健康的女儿，好好孝敬他们。写到这，鼻子竟有点儿发酸。

朋友是我生命中另一份珍贵的礼物。常言道：“人生得一知己足矣。”我很庆幸自己遇到数位真正的朋友，有些通过网络结缘，成为天涯知己。大多网友素未谋面，但那份心灵的默契令我心底温软。

想起伙伴们，我亦生出许多不舍。在最后的日子，我会把与朋友们交往的许多情景一一回想：几多欢笑，几多戏谑，几行热泪，几缕温情。我打算亲笔给即将作别的朋友们写下心里话并送上真心的祝福，留下我最后的欢笑，依然不乏“泡菜”风格的调侃。我估计自己没办法止住泪水，这最后的信定会因此写很久……若有可能，我想见几位神交已久的朋友——但如果我的样貌已憔悴失神，我宁愿选择不见，让他们记住想象中那个顽皮的“泡菜”吧。

最后，我想留点儿时间给自己，在海边的一个地方结束生命的最后一天。不要嘈杂的海滩，最好只有我一个人，静静地看看海上日出、日落及星光。在涛声中翻翻老照片，回忆一些往事，想想我爱的和爱我的人。曾经想等生命中有了更多的积淀后写点儿东西，名字都想好了，叫“没有故事的人”——可是我总是拖啊拖，恐怕拖到最后也没有完成。那么，就简单地在纸上写个平淡的开头，或许会做一只漂流瓶，将纸装进去抛到海里去，让浪带远。也许有一天，它会被一个人在赶海时发现、打开。差不多了，可以归去了，祈祷一下吧，投入海的怀抱。

我敬佩的史铁生老师曾说过一句名言：“死是一件不必急于求成的事，死是一个必然会降临的节日。”我做不到如此豁达，如果生命只剩下最后三天，我一定会流泪，但在灵魂离开躯壳前，我应该会笑着迎接另一段旅程。

看 海

终于，在这个秋日的午后，我来看久违的你！在远处便听到你的低吟，分不清是喜是忧，一如我的心。近了，你默默敞开胸怀，我便醉在你无垠的蓝色里。

第一次融入你的怀抱，我还是个爱做梦的女孩。那年我 16 岁，只一眼，便钟情。

微咸的风中，但见海天一色，浩瀚无涯。我瞬间渺小为一粒沙，什么也说不出，所有语言在你面前都变得苍白。

海深处看似平静，待一浪浪涌过来，越来越近，有岩石的地方会卷起千堆雪，声似雷霆。这才真正领悟了古诗中的意境。在平坦的沙滩，浪花温柔而调皮地吻着海岸，往复不倦，仿佛一个古老的寓言写满眷恋。这浪与岸的交响，不知演绎了多少年。沧海桑田，有多少悲欢蕴藏在这潮起潮落中啊。

我有位朋友喜欢登山探险，年少时他为自己征服了高山而欣喜。随着阅历的增长，他领悟到山就在那里，是山敞开怀抱接纳了他这个傻小子，因此感恩。

我也感谢海接纳了我。

每次看海，哪怕是同一片海，感受却千差万别。海啊，这正是你的魅力所在吧。

上中专时，学校离海很近。晚饭后，我总会拄着拐杖向海边走去。那时我已行动吃力，往往要走20多分钟，在能望见你的地方伫立片刻，与你的眼波在黄昏中相接后，便要赶回去上晚自习了。

我曾那样沉醉于我们的黄昏之约。“那你为何后来不来了?”我仿佛听到你在问。是啊，自从下楼都困难后，我竟有几年没来看你了。

2004年国庆节，小弟带女友从沈阳赶回来，全家一起去看海。下了出租车，有那么一阵儿，阳光晃得我睁不开眼。父亲和弟弟连推带拖，坐在轮椅上的我总算通过了那段松软的沙滩。深吸一口气，是熟悉的味道。亲爱的，我回来了!

秋，天与海都蓝得更加纯净。此刻映入眼帘的是一片粼粼波光，无数梦幻就在其中编织吗?这是我首次坐着轮椅来看你，物是人非，不觉有些出神。

接近寒露时节，感觉有些凉，我却不肯系好外衣，任久违的海风入怀，任它吹起我的长发。

面对大海，一个人可以浮想联翩，也能物我两忘。

仲秋的海边少了夏日的喧嚣，清静自然，更适于把一颗心盈满。两个小男孩拿着网，在海水中捕捞。记忆的垂钓者，坐在时光之河畔，让往事来上钩。

想当年，我们全家一起赶海是多么激动人心的情景啊！

犹记得一夜兴奋无眠，4点左右天光未亮，全家便向海边进发了。涛声近了，急急甩掉鞋子，卷起裤管，小弟们争相向前。接下来的一段时间里，我们不仅为壮美的海上日出惊呼，还收获了大海退潮时慷慨赠送的礼物：五彩的贝壳、美味的海虹、形状各异的小石子……我一会儿将小螃蟹放在掌心爬，一会儿将海螺凑到耳边听涛声。哪怕手脚被划破，也载一路欢笑回家，然后尽情地享受美味。自己搞来的，味道当然无与伦比！

17岁那年夏天，我身着一件蓝色泳衣，伏在气垫上，被父母护着第一次下了海！随着碧波起伏，那感觉无比奇妙。上二年级的两个小弟，更是兴奋异常，或打水仗，或浮在轮胎上用四肢击水，欢笑声不绝于耳。

忽然，一个大浪打来，气垫翻了，我沉入水底！

几大口又苦又咸的海水呛入，我顿时慌了神，天哪，我会淹死吗？当父亲慌忙跑过来相救时，我已探出了头。其实，我所在之处的水很浅，跪在海底就可以把头露出来。

那次经历让我终生难忘。几年后我越发无力，只能留在岸上看别人在水中嬉戏。生命中我有幸被浪花爱抚过，回味时，连呛水也成了甜蜜。

秋风梳理着海的心事，一朵朵浪花便绽放在这秋日的午后。天空中，二十几只风筝飞舞着，与淡淡的云为伴。

母亲唱起了《大海啊故乡》。小弟也放飞了一只雄鹰的风筝。我仰望蓝天，手中抖动着风筝线。它真能载着梦幻飞翔吗？想起许多顽强的病友，折翅于青春，生如夏花，惊鸿一般短暂，像划过天边的刹那火焰。正因如此，他们对生命有着更深的热爱。

望着海，多少往事在心头若隐若现。曾与远方的朋友相约，有朝一日一起看海。于是，幻想相拥的温柔或把酒临风的豪气，幻想与朋友看星星醉在海里的惬意……

“海内存知己，天涯若比邻。”不知此刻，天涯海角处，谁在思念着谁。

为什么总在回忆呢？大概是我老了吧。

海风更凉了。黄昏前，我跟你惜别，想起黄磊那首歌，《我想我是海》：

“我的心像软的沙滩，留着步履凌乱，
过往有些悲欢，总是去而复返……
我想我是海，宁静的深海，不是谁都明白，
胸怀被敲开，一颗小石块，都可以让我澎湃……”

一个键盘的血泪控诉

“我是一个被虐7年的键盘，7年折磨，7年摧残，看曲晶才情流转，有谁想到我血泪斑斑……”

曾几何时，一曲《白狐》引得无数人伤情，却没人在意我这

“白键”的伤痕累累和满腔仇怨。今天，我终于鼓起勇气，决心控诉曲晶近7年来对我的非人虐待！她有了新欢，便把我弃于角落，我比窦娥还冤啊……

主人是个超级女魔头

我是曲晶那苦命的键盘。我出世时，也曾全身光鲜，皮肤白皙，富有弹性……自从进了曲晶的书房，噩梦就开始了！在2500多个日日夜夜里，她对我折磨不断，想想真是不堪回首！各位请准备好手绢，我也先擦擦眼泪再往下说。

我每天被曲晶不停地敲打，青春的光泽早被磨尽，直至遍体鳞伤，挨打最重的“回车”失去了弹性，偶尔罢工才引起她蹙眉。

难以想象？我豁出去裸露在你们面前，无须法医鉴定，任何明眼人都可以看到我受到了怎样严酷的摧残！我身体多处被打坏、凹陷，非但键上的字母被磨没，多处还留下了主人深深的爪痕！修炼到如此功力，我怀疑《射雕英雄传》中拿骷髅头练“九阴白骨爪”的梅超风不止杨康一个徒弟，还收了个叫曲晶的女弟子！

7年来，曲晶的病情日益加重，渐渐无力行走。她每天坐在电脑前10余个小时，变本加厉地折磨我，将快乐建立在我极大的痛苦之上！跟我一同进入她书房的兄弟已有数个夭折：鼠标、耳麦、风扇等纷纷累死被换，主机大哥效劳5年多，也惨遭淘汰——原配仅剩显示器、音箱和我，战战兢兢地支撑着。显示器和音箱常年发烧，但好过我整天挨打！

跟她讲“君子动口不动手”？哼，还不如对牛弹琴！对牛弹琴还能增加牛奶的产量呢，这曲晶却是油盐不进！何况她根本就不是君子，她是个暴君！

她和病友们创办了“精彩同行”网站，投入了大量心血，交了成百上千的网友。她每天打字与朋友聊天，或写文章、回帖等。我记得她有次组织活动，最多的一天与几十位朋友商议，同时开十几个 QQ 聊天窗口……多恐怖啊！每天几万次的击打，全落在我的身上！我恨这个女魔头！

女魔头的魔爪令我战栗，她的失手更加可怕！她因病胳膊和手指都不灵活，打字多了，抬不起来的手腕常被边上的木棱磨青。自作自受！我才不会心疼。可是有好多次，她喝水时没拿好杯子，杯倒水洒，我就倒霉了——要知道我可没学过游泳，这样洗澡可能会造成短路，要了我的小命！

屡次历险，我对进行性肌营养不良症也有了些了解，听说病情严重时，患者连一杯水都端不动，有些病友只能用一根手指打字或调出软键盘用鼠标打字！这病真的很残酷。

这种人是需要被管制的

曲晶每天在电脑前的时间都很久。经常是家人吃完饭好半天了，她才处理完事务，大呼："扶我一下，我也饿啦！"曲晶的老爹常揶揄她："怎么？你也吃饭？网上不是什么都有吗？你还没饱啊？"发过牢骚，老爷子还是来抱女儿起来。

家人对她久坐缺乏锻炼、身体衰退加剧很是忧虑，却又拿她没辙。唯有一次快半夜了曲晶还没睡觉，老爷子动了雷霆之怒："这样下去你就完了！别逼我砸了电脑！"我从没见她老爹发这么大火，心里怕怕的，不知自己是否也在被砸之列。

曲晶伤心地哭起来，最终还是她老爹心软让步了。

要说她老爹，对我可是十分关照的。曲晶整天霸占着电脑，她老爹没什么机会学操作，偶尔去"联众"下会儿象棋——彼时，只辛苦下我那鼠标兄弟，对我，老爷子基本不碰，嘻嘻。

曲晶不爱惜我，也不爱惜她自己，终于受到了惩罚。开"罚单"的是医生。她体内长了一个长度超过10厘米的肿瘤，医生责令她住院手术摘除。有位学医的哥们儿让她做好安排，因为手术台上什么事都可能发生，肿瘤的性质也待定。

曲晶加紧安排好了一些网络事务，向几位好友告假。我有些吃惊，道别时她不仅手没抖，甚至还在谈笑风生。那晚临睡前，她关上电脑，给我做了个清洁——用酒精棉球小心地擦拭着，动作和眼神都非常温柔。莫非她隐隐担心自己回不来了？这是她第一次这样凝视和轻抚着我。不知怎地，我竟有些难过，盼她早些回来。

曲晶住院期间，不少网友打长途电话问候，为她折幸运星，祈祷她平安。我眼中的魔女，怎么会有那么多人喜爱和牵挂呢？人类真让人搞不懂。

好在肿瘤是良性的。过了些日子，她平安归来，未等伤口愈合就又扑到网上，回到了朋友们中间。她顽皮依然，我又被她敲着，传递着她的快乐和思想。

逃出魔爪，却跌入怀念

冬去春来，花谢花开。

在2006年夏末，又有一位美女来看曲晶，我听主人叫她"娃娃"，想必是这位美女的网名。

娃娃来后第2天，起了个大早，去海边游玩。她归来时给我的主人带回两件礼物：美味的蛋糕派和一只崭新的键盘！曲晶这才醒悟到娃娃打听商场在哪的深意，竟感动得说不出话来。原来，娃娃担心我这"老胳膊老腿"难再坚持，为了让她的晶姐打字舒服些，专门去选购了一只新键盘。

我近7年的苦难总算熬到了头，被替换下来。曲晶并没将我扔进垃圾箱，而是最后抚摸了一下，放进腾空的键盘盒中。巴扎嘿，我解放了！对新来的家伙颇有些幸灾乐祸："别瞧你现在光洁漂亮，很快就会吃到苦头了！"

我在角落里静静地躺着，奇怪，并未感觉到应有的轻松和快乐，反被某种失落包围。我竟然不可救药地怀念起被曲晶噼里啪啦敲打的日子，想念她的笑声与歌声，那么多文章、处理网站事务的文件、她与朋友聊天交流都是通过我传出的啊。岁月如歌，那些早已成为我生命的一部分。人生如此，夫复何求?!

是的，我痛恨过主人对我的虐待和摧残，有一肚子的委屈和怨恨，想控诉她。可真的下岗了，我竟是那么寂寞。或许这就是我逃不脱的宿命吧，今生若无奇缘，如何偏偏遇上她?"滚滚红尘里，谁又种下了爱的蛊?"

我以为曲晶早把我忘记了，不料她今天将我的照片传给一位朋友时，还深情地凝望了一会儿——目光中，有抱歉，有怜惜，有很多很多的感慨……

《白狐》凄婉的歌声依然："能不能为你再跳一支舞？只为你临别时的那一次回顾。你看衣袂飘飘，衣袂飘飘，天长地久都化作虚无。"我知道，我与曲晶这段特别的爱恨情缘并非全是虚无，它剪不断，理还乱，别有一番滋味在心头……

轮椅"漫步"，妙不可言

走路、散步，对普通人来说稀松平常，于丧失了行走能力的我，却成了难以企及的奢求。常年蜗居在几十平米的家中，我的地盘便是电脑前的方寸空间——只有在网络的天空，我才是自由的飞鸟。

2007年夏至后，小屋闷若蒸笼，晚上开着窗子也没多少清风盈怀。我若能化作一缕风逃走，该有多好！

当太阳收起"毒针"后，老爸背我下楼"放风"。他两鬓苍苍，背我上下楼日渐吃力，尤其是从蹲到起的过程，须借助外力的支撑才能完成。我常觉不忍，可他愿意用自己的喘息和汗水，让女儿回归大自然。

来到平整的柏油路上，我让父亲回家，开始享受自己的轮椅"漫步"时刻。

几年前，我还能勉强走走，但几十米的距离就是一个很大的挑战了。那时拄着拐杖，在母亲的搀扶下，一步仅能挪几厘米，走不了一会儿腿肚子就会酸痛、发抖，身体"砸"回到轮椅上。与乌龟比速度的话，我都没把握获胜。待到不能行走，手臂也无力的我只好坐轮椅出门，时时离不开人照顾。

转机出现在几天前。那晚出来透气时，轮椅的踏板忘了放下来，我试着用相对有力的左下肢踏地，发现竟然可以驱动轮椅前进及控制方向！对此，我兴奋异常，这意味着我多了一点儿自由，不需要家人全程陪护了！

从小白桥到十字路口，约有100米。我来回"溜达"，往返五六次，累计超过 1000 米，这让我相当有成就感。

不断有路人对我行注目礼，大概他们从未见过如此借力使力的“游侠”。一位阿姨问我想去哪里，愿意推我去。我谢过，告之这是我特别的锻炼方式，笑笑继续独自前行。遇好奇者打听我为什么会坐轮椅，我便简单解释一下。

我已打碎玻璃心，能坦然面对不同的目光和探询。主持人李咏说过：“心小了，所有的小事都变大了；心大了，所有的大事就变小了。”一个人若不将自己封闭在阴影中，就会享有更多的爱和阳光。

靠近路口的小公园中，绿树与鲜花相映成趣，蜂蝶流连。此起彼伏的锣鼓唢呐与人们的叫好声把我吸引过去。

这里活跃着临河里社区“老年乐”秧歌队，他们每天下午集结，在火辣辣的秧歌中尽享快乐，也引来不少围观者。接近七月，满街都是 T 恤、裙子、短裤的身影，而大爷大妈们似乎不怕热，穿戴着五颜六色的行头，一扭就是两三个小时！

有位穿红装的阿姨功夫了得，把一段“颠花轿”演绎得喜感爆棚。她腰肢一摆，风情万种，直看得岸边婀娜的柳树都含羞垂下了头。这边骑“毛驴”回娘家的小妇人和背媳妇的“猪八戒”俏皮可爱，那边老大爷扮的媒婆扭得更欢，挤眉弄眼逗得观众捧腹大笑。咦？场子中还混进一位西洋的“唐伯虎”，羽扇纶巾掩不住金发碧眼，舞出最炫民族风，引来阵阵喝彩。而一位两三岁的小姑娘也颇有明星范儿，眉眼含笑，胖嘟嘟的小手上，绢帕如蝶飞舞……

谁说城市的表情多是冷漠，鲜见笑脸？在这些表演者和观众脸上就洋溢着无限的欢欣。直到夕阳西下，人们才渐渐散去。

我将轮椅停在桥边，望着小河潺潺的流水和朵朵浮云，不禁出神。镶了金边的云彩不停地变幻，炫目得难以用语言形容。大自然的出神入化，胜过最高明的艺术家。

“宠辱不惊，笑看庭前花开花落；去留无意，漫随天边云卷云舒。”

儿时的伙伴今在何方？小学时我与“小不点儿”陈爽和李浥尘关系密切。有次作文要求写景，我们仨开始都没思路，后来分别写了月、星、云。多年不见，远方的你们可好？偶尔还会想起那些不识愁滋味的少年时光吗？

习习晚风，送来阵阵花香。轮椅漫步中，我心神飘荡。唱一曲《伙伴》，与往事干杯，也憧憬着未来，同时意识到人更重要的是活在当下，走好脚下的路。

曾看过一个小故事：某人奉上帝之命，牵着蜗牛去散步。他开始嫌蜗牛爬得太慢，不停地催促、拉扯着小蜗牛，不耐烦至极。后来，他松开手，任蜗牛爬，自己跟在后面。这时，他闻到了久违的花香，听到了悦耳的鸟鸣，看到了灿烂的星河……咦？怎么以前没注意到呢？这时方省悟，原来上帝安排他牵着蜗牛去散步，是为了让他在慢生活中感受生命的美好、平和与喜悦。

我成为一只行动迟缓的“蜗牛”，莫非也是上帝的一种安排，好让我去用心地体会和感触人生的另一种美妙？

我不美丽的大脚

听母亲说，我出生时身高、体重都在正常范围之内，唯独手和脚比一般的新生婴儿明显大出一号！她不是一个爱幻想的人，自然不会想出什么“赤脚大仙”被贬下凡的故事来哄我，只说这大号的手脚随我奶奶和父亲。

十几岁时，我的身高定格在不足一米六，可一双大脚丫子还在野蛮生长！

本人的鞋号从 36 码继续高歌猛进，瘦款的鞋子要到 39 码才放得下我的脚。有一次，母亲从外地带回一份礼物，我兴高采烈地拆开，竟是一双 41 码的旅游鞋！天啊——只比俺爹的鞋小一号！

目瞪口呆中，我赌气拒绝踩那两只“船”。尽管痛恨毒害了中国妇女一千多年的缠足习俗，可俺这“三寸金莲”需横着量，也着实过分了一些！

商场里，各式精美时尚的女鞋闪耀着魅惑的光芒，而我只有羡慕的份儿。因病走路困难，我从未穿过一双足跟纤细的高跟鞋；就算平底鞋也不好选，自己这双肥硕、脚背偏高的大脚，有时只好穿男款鞋。

不过，你若以为我穿鞋子从来都缺乏创意，那就错了，且听一段真实的故事。

我自幼胆小且非常内向，但爱美之心并未泯灭。曾几何时，我悄悄地把母亲的红纱巾围在腰间当裙子，将塑料压花的茶杯垫用卡子别在头上，效仿古装美女……这一天，我一通翻箱倒柜，嘿，发现了宝贝！父亲出差时给我买了双塑料凉鞋，粉红色的，晶莹透亮。它虽然比不上灰姑娘的水晶鞋，但在我眼中已足够漂亮了——别的小朋友要是看到了，没准儿怎么羡慕呢！我穿上新鞋，兴奋得小脸儿通红，美滋滋地跑了出去……

中午，母亲下班回来，发现我居然穿着凉鞋嘚瑟，大吃一惊！你也许不清楚，当时正值数九寒天，内蒙古小城集宁的气温在零下二十几摄氏度，积雪不化，滴水成冰。我在这样的天气里突发奇想，追求美丽动人，结果双脚生了严重的冻疮！

话说名人做错的事可称为“轶事”，咱普通人做错的事只能叫作"蠢事"。回望自己5岁时做的这件蠢事，我会心一笑，那个可爱的小女孩儿也向我伸了伸舌头，扮了个鬼脸儿。

我为自己的臭美付出了代价，脚被冻伤。接下来很多年，每到严冬，我脚上的冻疮就会发作——红肿、痛痒，甚至破溃。有一次右脚烂出一个比蚕豆还大的洞，袜子都被粘住了。感染又导致发烧，我只好去医院就诊。

换药的经历太恐怖了，至今想起来我都会头皮发麻，在此提醒胆小的读者闭眼、跳过。医生连脓带血地揭下纱布，用镊子除去烂肉，扑上一种生肌的药粉，烂洞处冒出串串白色的泡泡，钻心地疼。我咬紧牙不哼一声——咱从小就很坚强呢，打针、针灸都不哭，总是很配合医生……

16岁时，我离开内蒙古到了秦皇岛。秦皇岛的冬季要温柔得多。之后10年，我因肌病恶化被困在家中，远离了苦寒。按说脚不会再犯冻疮了吧？非也！

人体是一个精密复杂的小宇宙，貌似除了大脑，身体其他部位也有记忆功能。比如离家远了，你的胃会想念母亲做的饭菜的味道；某些截肢患者感到被截断的肢体仍在，并会因幻痛被折磨得苦不堪言。我有个朋友，对一些事情感到不屑时会说："这种问题好傻，俺用脚指头都想得出！"嘿嘿，既然脚能想也就能记喽！

扯远了一点儿，继续说我那双有记忆功能的脚。近些年的冬天，我待在有暖气、温度有十几摄氏度的房子里，穿着厚厚的棉鞋，足不出户，可这双脚仍对本人儿时的那次错误念念不忘，年复一年地以生冻疮加以报复，并伴随着轻微的红紫和痛痒。经历过的岁月总要留痕，哪怕你的大脑假装忘记了，脚却忠实地记录着。

每天临睡前，母亲都会倒些热水让我烫烫冰凉的双脚，偶尔帮我搓搓腿脚按摩一会儿。记得1996年我去北京时行动已经艰难，母亲出差，年近九旬的外婆帮我倒洗脚水。老人雪一样的白发、微驼的背、含笑的眼神，令我感到温暖又惴惴不安。

小学三年级左右，我不再能奔跑，后来很多年拄着拐杖行走，右腿的无力尤其严重。2005 年手术后为了快些恢复，我锻炼时从健身车上摔下来，严重地崴伤了脚，脚变得黑紫，肿大得像酱猪蹄。过了很久，伤情恢复了，我却失去了站立行走的能力。雪上加霜的是，手臂也日渐不给力，我连摇轮椅都应付不了。

2007 年夏天，我偶然发现还可以用残存些力气的左脚踏地驱动轮椅前行着散步，很是兴奋，也深深感谢我的左脚。

路在脚下延伸，脚踏实地的感觉真好！人要想知道自己能走多远，只有迈出脚步才知道。

倪萍主演的电影《美丽的大脚》让我印象深刻，另一部奥斯卡获奖电影《我的左脚》更深深地震撼了我——该片是根据著名作家、画家克里斯蒂·布朗的传记小说改编的。

命运对克里斯蒂来说相当残酷。1932 年，他出生于爱尔兰一个贫困的大家庭中，生下来就浑身发紫、已经窒息，虽经抢救活了下来，但严重的脑瘫却造成他全身痉挛，头、躯干和手臂都使不上力，甚至好多年都不会说话。他没去过一天学校，唯一能活动的只有左脚！当他吃力地用左脚夹着粉笔第一次写出 MOTHER（母亲）时，父母不禁热泪盈眶。后来，克里斯蒂读了很多书，并学会用左脚敲打字机，22 岁时他完成了自传小说《我的左脚》。同时，他的画作也得到世人的赞赏，克里斯蒂成为轰动多国的励志作家和画家。影片中有这样一个情景，他勇敢地用左脚夹起一朵火红的玫瑰，献给心仪的女人。结果怎样？他最终赢得了甜蜜的爱情，走进婚姻的殿堂。

回到我的脚上，它们算不上灵巧神奇，可伴我走过无数风雨、度过无数阳光灿烂的日子。

平生第一次，怀着些冲动，我为自己这双不美丽的大脚写下一些平淡的文字。“没有比脚更长的路，没有比人更高的山”，珍视生命中这些印迹，继续走好每一步吧。

老房子的记忆

迁入北戴河村新居有段日子了，房间宽敞，周边风景如画，可我竟有些回不过神来——自己生命的一部分永远地留在了老宅，连同往昔的“青葱岁月”……

长到三十几岁，我搬过N次家，简单回顾一下后面几次。

1988年冬，我们离开内蒙古的小城集宁，到了秦皇岛。先在绍岭城中村租了一间半平房，房东住对面屋，堂屋两家共用，各有一个灶台。我与父母、奶奶、两个弟弟挤在一个炕上，屋里空间很小。仅有的一张书桌，被12寸黑白电视占据了一块，我只能缩在一角写作业，备战中考。外面下大雨时，屋内会下小雨，须用几个盆接水，真是乐不起来的“雨露均沾”啊！

半年后，我考上中专住校了。又过了一阵子，父亲单位分了套一室一厅的房子，是6楼！我周末骑车从学校回来，先深吸一口气，如临大敌：左手抓栏杆，右手拄拐杖，一级级地往上爬，走走歇歇，腿发抖，一身汗。

弟弟们一天天长大，我家换了两室一厅。父母一间，奶奶住厅里，我们姐仨一屋，哥俩睡上下铺。1993年，我毕业工作了，在一家福利厂当会计。第一次领到90元工资，我给奶奶和北京的外婆各20元，还激动地给家里买了些好吃的。两个月后，孀居几十年的奶奶去世了。她是个能干的山东女人，含辛茹苦地拉扯大两儿一女，又帮带孙辈。只是她性格倔强泼辣，有些时候家里难免鸡飞狗跳。我有次曾跪在地上，哭着求她不要打我妈妈。

1995 年搬到临河里，小三室，有十几级台阶。开始我每天拄着拐杖蹒跚爬楼，骑自行车去上班。由于行动艰难，我中午不回家，在单位附近的小面馆凑合吃点东西；怕上厕所，白天不敢喝水。那时我很上进，努力学习，拿下了自考大专文凭，又考取了会计师职业资格。

然而，单位不景气，给职工放了无限期的“大假”，每月仅发两三百块钱的生活费。我的肌病愈加严重，上下楼越来越无力，骑自行车也几度出险，摔得头破血流，脑袋上缝过好几次针，于是便告别了自行车。

最初几年，我尚能做些家务，比如扫地、擦地、包饺子、洗碗、洗衣服。有一回父母出去了，我滑倒在厨房，头上肿起一个大包。好一会儿我才挣扎着坐起来，拖着拐杖，一点点爬到客厅，却无论如何也爬不到沙发上。一次次努力，一次次失败，膝盖都跪青了，还是没法爬起来。那种叫天天不应的绝望令我窒息。直到父亲回来把我抱回椅子上，我已在冰冷的地上挣扎了 100 多分钟！

我生活的半径，渐渐囿于小屋。窗前除了沉默的楼再无甚风景，仰望天空，甚至连月亮都躲着我。

2000 年初，电脑和网络进入我的生活。这年冬天，退休后还接受单位返聘的老妈被查出乳腺癌早期，去北京做了切除术。她住院 40 多天后回到家，伤口还未完全愈合，就继续照顾我的起居。

蜗居陋室，网上的世界却精彩纷呈。从“黑夜日出”到“精彩同行”公益网站，我忙碌着，付出着，也收获着成长与快乐。曾胆小内向的自己，后来在聊天室谈笑、主持和放声歌唱。我敲击键盘写作，与网友们倾心交流，策划活动，为肌病患者能得到社会更多关注而发声……

心中有爱，有事做，被人需要，让我找到一些活下去的意义。父母有了一些闲暇时间，走进老年大学。天生好声音的老妈主攻声乐和京剧，老爸开始学习书法和绘画。我们每个人都有自己的兴趣爱好，生活也变得多彩起来。我们鼓起勇气，出去旅行，深圳、沈阳和北京，都留下了我轮椅的印迹。

2005年，我住院做手术，切除了长11厘米的肿瘤，还好是良性的。飘雪的寒冬，我这个"渐冻人"被评为感动秦皇岛年度人物，得到社会的认可。

我6平米的小屋，被床、写字台和电脑桌占满，以至于我上网仅能坐在一个小木头板凳上，连靠背都没有。每天10余个小时，一坐就是6年多！我都佩服自己是怎么挺过来的，别看咱唱、念、打不行，"坐"（做）功还是蛮厉害的哈。

2006年，两个弟弟相继结婚，有了他们自己的小家。弟妹用心找寻，终于为我买到一款小巧的带轮子的转椅，刚好够放在床与电脑桌之间，我才告别了小板凳。可不久也失去了最后的站立行走能力，靠这椅子在家"滚来滚去"。

2007年，我在小屋里接受了中央电视台《欢乐中国行》记者的采访，他们还带我去大学体验了一天。

2008年北京举办奥运会前夕，在临河里生活了13年的我们，准备搬往北戴河村。

搬家前收拾东西是个很艰巨的工程！老爸老妈省吃俭用了大半生，太多旧物都舍不得淘汰——那些物件或承载着历史，或以后兴许还有用。在沈阳工作的小弟眼看时间紧迫，请年假回来帮着处理，扮演了"败家子"的角色——他趁母亲出去，扔掉了几大包旧衣服和大量杂物。老太太回来，又气又心疼，数落了他好久。

老房子的味道和回忆，有如一栋生活的仓库。记得读到台湾艺人刘若英的一篇文章《永远不搬家》时，我心有戚戚焉。

刘若英是公认的知性女子，可她在搬离老房子时也自比屠夫！住了50多年的老房子，里面装满了各种物品，光酒就几百瓶，还有几卡车的书，就连小刘同学年幼时吃过麦片的一个缺了角的盘子，在婆婆眼里也是有纪念意义的……她下决心清理，却被她老爹指责为“抄家”行径，疼爱她的婆婆也极度痛惜！

可往前走，必须断舍离。我丢掉了为职称考试奋斗所用的会计专业书籍，却将10年来收藏的《读者》杂志装了两箱带走，将已发黄的信件打了一大包，一个承载着思念的小风铃也被我打包进行李中。当看见父亲将我早年涂鸦的铅笔画及与我们对弈过的棋盘也留存并装箱，我心中不禁一动。我备份电脑资料时打开一些旧文档，或笑或叹。朋友闲闲见我感慨，轻轻说：“要撤了，别感伤，会有新的开始。”

刘禹锡曾作《陋室铭》，我没这份才情，不过在这小屋中也有与朋友谈笑风生、深情相拥的时刻，还曾被人猝不及防地轻轻一吻……

要走了，我默默地用目光抚摸它，发现每个角落都有回忆，装着我们的笑与泪，以及回不去的过往。

搬家那天有些阴雨。我被抱进来接我的同学的小车，与一位赶来的朋友握手道别。最后看了一眼我的小窗，它也无声地望着我。车子启动，我与老房子渐行渐远……

一米阳光，几米自由

从容易跌倒，到渐渐不能行走，再到连站立一秒钟都变得遥不可及，靠轮椅代步的我偏偏胳膊也无力，出行只能依靠家人或朋友寸步不离地推着。

某天，我偶然发现凭借左腿残存的力气，可以踏地驱动轮椅前进并控制方向，更弱的右手支撑右膝，勉强跟上。速度虽缓慢，但再被父亲背下楼时，我终于能在家附近独自活动了！

这独特的轮椅漫步令我欣喜若狂，比段誉修成凌波微步兴奋多了——若不是站不起来，我早跑一圈向世界宣布：蜗牛晶晶，你真是太有才啦！

自由，总在失去之后，才晓得有多珍贵。

2008年，我家搬到北戴河村，但依然住楼房。老爸和一位姓陈的农民大哥轮流或背或抱，助我上下楼，平均每周有一两次放风的机会。

我常沿着村里的硬化路面转悠，尤其享受河边的清凉和静谧。然而，2009年8月末的一次独自出行，意外发生了。

那是仲夏的一个傍晚，我先溜达到村口的小花园，又去河边发了会儿呆，再向北，跟那棵600多岁的老槐树说两句话。

眼看与陈哥约定接我的时间快到了，我便加紧往回赶。不料踩到沙子一打滑，我前倾的身子从轮椅上直栽下来，额头重重地砸在水泥路面上。

一阵钻心的疼痛，我却无力爬起。一位路过的大姐扶我坐起，地上已是一摊殷红的血迹！额头上仍在不断涌出鲜血，立刻将衣服、裤子染红了。

“天啊！出这么多血！你怎么一个人出来了？家在哪？我送你回去，得赶紧让家人带你上医院。”另一位阿姨也来帮忙，架我坐回轮椅，她掏出卫生纸，帮我按住淌血的伤口。

“太谢谢你们了！麻烦先送我到骆大夫诊所，止血要紧！回头再通知我家人吧。”我保持着镇定。这里离骆大夫的私人诊所有三四十米，若回家再打车去医院的话，不知要耽误多久。

骆大夫检查创面，告诉我摔得不轻，左眉骨上面有不止一个口子，且挺深，必须缝合。我谢过好心的路人，也借到电话通知了爸妈。

当我被告知会留疤痕时，居然笑了下。第一，自己及时得到路人救助、送医，没落到倒地无人扶、失血到休克的境地；第二，栽倒时眼镜压在头下面，镜架变了形，万幸镜片是树脂的，没摔碎，否则扎伤眼睛就……没有最糟，只有更糟！

缝合完毕，打破伤风针观察。

回到家已近9点。母亲清洗血衣，眼皮青肿的我安慰受惊的父母：“不要紧，过些天，俺又是一条好汉！”

接下来十几天，换药、清创，父亲吃力地背我上下楼。每次伏在他消瘦的肩背上，心底的疼总比头上的要深得多。

拆线后取掉纱布，我才看到自己破相后的样子，长长的伤口有两处缺肉，有些瘆人。

由于自己不着调惯了，受伤了非但没谁怜香惜玉，还受损友打击。A姑娘看罢截图，甩个怕怕的表情包：“你以后别冲我瞪眼哟，要不我好慌啊！”得，俺成疤面煞星了！B君则坏笑着问我学会唱山歌没，就是那个“此路是我开，此树是我栽……”呔！留神洒家先修理你这厮！打哭你信不信？

自幼摔跤和挂彩对我来说就是家常便饭，因为摔破头而缝针也有好几回了。有次骑自行车被人撞倒，磕到后脑勺，晕死过去，被一位好心的大哥送进医院处理伤口；另一次是工作后，有一天去门市部对账，在门槛处绊倒，我一个"大礼"，直挺挺地栽进里屋，头破血流，眼镜的零星碎片扎进额头，更可怕的是当时就摔在烧得通红的铁炉子旁边，差点香消玉殒……

伤口慢慢愈合了，但疤痕依然触目。有朋友劝我以后别再单独行动了，出去须有人"护驾"，还有病友提议设计个安全带绑在轮椅上。啊？若被带子固定住，我哪里还驱动得了轮椅？

能独自出行时，我便贼心不死，哪怕再摔——等彻底不能动了，就连这一点点的自由都没了。额头的疤痕，我并没用刘海儿遮挡起来。有人说伤疤是男人的勋章，小女子虽不欢迎它们来落户，但这不速之客既已造访，就让岁月去冲淡它吧。

伤后一个多月，我被老爸背下楼，在楼前驱动轮椅，小心翼翼地"龟行"。我总觉得脚下打滑，双眼紧盯路面细小的沙粒，而要想用上些力，身子就不得不前倾，好怕再栽下来……力量弱，腿发软，肝儿也颤。王阳明先生曾说："破山中贼易，破心中贼难。"有了心理障碍，我只活动了一小会儿，就出了一身汗，衣服都湿了。

难道就这样告别轮椅漫步，离开人再无法行动？不！只要我还有些残存的力气，就不会放弃。"加油，你能行！"我告诉自己。

渐渐地，轮椅走稳了些，我也恢复了一些信心。我让跟随的父亲回家，自己"划"向不远处的小花园。

天特别蓝。雨后的花园，树木葱茏，月季和紫薇绽放，喜鹊在枝头蹦跳。植物长廊坠满了形状各异的南瓜、丝瓜和葫芦。空气中弥漫着淡淡的甜味。我深吸一口气，泥土和生命的芬芳总令人静静欢喜。

面对醉人的秋色，和着秋虫的唧唧，我不觉哼起歌来。虽不是流浪的吉卜赛人，我也喜欢边走边唱，常撒下一路歌声，唱给自己，也唱给身边的轻风和天边的流云。

“从来不怨，命运之错，不怕旅途多坎坷。向着那梦中的地方去，错了我也不悔过……”唱罢这首《人在旅途》,《执着》《自由飞翔》又脱口而出，心似乎也跟着飞起来。

想起有部剧：《一米阳光》。片名引人遐想。云南玉龙雪山顶终年云雾缭绕，传说每年秋分，日月交合同辉映，偶然才能见到有一米长的阳光。恋人若沐浴到这宁静而壮美的阳光，会得到神灵赐予的最完美的爱情。

什么是完美？世上可有永恒？很多美丽都是短暂易逝的。

四肢肌肉萎缩的我独自出行，注定会冒一定风险，但我深知患上“渐冻症”，自己行动的自由将越来越有限。或许有一天，我的行动距离终变成只有家里的几米，直至固化为停在原地的一尊会呼吸的“雕塑”。彼时，还能享有多少窗前的阳光，也要看老天爷的脸色了。

无论命运开多过分的玩笑，我们都不能跟它翻脸。有些事既然无法改变，只有接受和改变自己的心态。纵使被黑暗和孤独重重包围，也要将阳光种在心底，让心灯照亮前路。继续出发，去追梦，去追寻自由，哪怕跌跌撞撞，伤痕累累，亦无悔。

 每天都有新鲜的阳光

传说中的2012年来了，这个世界会毁灭吗？

其实世上只有三种事：自己的事，别人的事，老天爷的事。后

两者的事你管不着、管不了，还是做好自己的事，对自己负责，过好每一天，活在当下最重要。

2010 年长途旅行归来，我就投身于游记的写作之中。边写边有许多新的发现，旅行不仅帮我们认识世界，也重新认识自己。

患上罕见病，我的病残程度都在不断加重，却不肯轻易向命运投降。许多认识我的人，都称赞过我的坚强乐观与积极勇敢；然而，我清楚地知道，自己也有伤痛、迷茫、脆弱甚至崩溃的时候。

我记得 2011 年 7 月的一天晚上，当得知亲爱的瑞恩妹妹在 30 岁生日前夕病逝，泪水模糊了我的眼睛。那样一个笑容甜美、善良聪慧又幽默的女孩，却被残酷的病魔早早夺去了生命。2005 年国庆，我在沈阳见过的三位病友——侠客、水心和瑞恩，短短几年间先后离去，怎不令人伤怀?!

志学大哥在网络那头劝慰我不要太难过，他说："明天的阳光依然明媚。我知道，妹子就跟明晨的阳光一样，会化去一切阴霾。"

"不巧得很，天气预报说明天阴转中雨，没有阳光……"我阴郁地回复。

"妹子，阳光不在天上，在自己的心里。"大哥意味深长的一句话点醒了我。

是啊，人生不如意事十之八九，当改变不了事情本身时，我们还可以选择对待它的态度。

想起我的一位老友——创办了"黑夜日出"网站的丹东女孩"小草"。她真名叫张怡莉，小时候就失去了母亲，父亲疼爱她，但继母待她比较严苛。她原有一双明亮的眼睛，上大学时主攻广告设计专业，但一场意外的车祸不仅使她一条腿残疾，更糟糕的是加剧了她的糖尿病病情，后来她彻底失去了光明。

经过痛苦的挣扎，"小草"选择了顽强面对残酷的命运，她学过按摩，又刻苦自学掌握了用读屏软件操作电脑，2001 年创立起中国第一家盲人开办的公益网站——“黑夜日出”。她说：“黑夜的尽头，就是心底的日出。”首页的动画显示，黑暗和狂风暴雨都不能扼杀小草顽强的生命力，阳光终喷薄而出！

她看不见这个世界，但几年里把心血和精力都投在网站事务中，鼓舞了包括我在内的一大批病友，还有不少健全人也被她的精神感召，成为志愿者。因过度操劳，“小草”的病情恶化，后来发展到尿毒症，靠透析维持生命。她说过一句话：“想开了是天堂，想不开是地狱。”2006 年 9 月 19 日，“小草”的心脏停止了跳动。

人都逃不开死亡，或许那只是踏上另一段旅程。而活着，就需要去做三件事：知道如何去选择，明白如何去坚持，懂得如何去珍惜。

作家史铁生二十出头便截瘫了，后来又患上尿毒症，每周要做几次透析。他说自己的职业是生病，业余写一点东西。生病没有打倒他，反而让他一步步懂得满足，并终于醒悟：其实每时每刻我们都是幸运的，因为任何灾难的前面都可能再加一个“更”字。

我也病了几十年，在不断的身体机能衰退中学会了接受病痛和喜欢上不完美的自己，学会了感恩逆境，把它当成独特的生命体验。当能保持平凡又高贵的灵魂，积极地去做自己想做又能做的事时，人就会生活在幸福中了，而死亡也不再是件可怕的事，甚至如史铁生老师所说，那将成为一个节日。

日子平凡又琐碎，我们需要自己去找寻快乐，也寻求内心的宁静与丰盈。读书、写作、音乐、旅行、朋友和亲人的关爱与陪伴、探寻未知的世界及未知的自己、自助助人、追逐梦想，这些都让我获得了更多的喜悦和幸福。

2012 年 5 月，我和父母离开住了 4 年的农村，搬进了市里的电梯房。这回，我出行方便了许多，母亲也能推着轮椅，将我送到楼下的小花园中散步了。

我家的装修非常简单，感觉住着舒服就好。在布置自己的房间时，我特意买了一只向日葵造型的石英钟。金灿灿的花瓣，瓢虫状的刻度，看上去生机勃勃。可它挂在墙上显得太空旷，我又淘了一张贴纸搭配它，网友看图后都赞我匠心独具。

是一张什么样的贴纸呢？

一扇推开的窗，面朝大海，窗外除了碧海蓝天，还有一丛丛繁茂的向日葵！我那向日葵钟便“盛开”在这永远敞开的窗外。

我在电脑前读书、写作，疲倦了，抬头见到这灿烂的向日葵，便不自觉地嘴角轻扬。

爱与光明，是生命最重要的滋养。

《圣经》中记录上帝创造世界的第一天，上帝说要有光，于是就有了光。这是希望之光，真理之光，生命之光。光最先出现，一定有极深的道理。

自然中总有雨雪和风暴，我们要做的是将阳光种进心里，去爱，去感恩，去做喜欢的事。当你对生命满怀热忱和希冀，每天的阳光都是新鲜的。人更高的境界，是把自己活成一束光，不仅温暖自己，也照亮别人！

世界名著《飘》中，贵族出身的女主角斯嘉丽经过战争的洗礼和各种动荡，鼓起勇气直面惨淡的现实，在心底保持着永远不灭的希望，她用双手创造了新的天地，改变了自己和家族的命运。她也留下经典的一句话：不管怎样，明天又是新的一天！

一个胆小鬼的蜕变

患上广义上的渐冻症，全身的力量被一点点抽离，双腿、手臂、手指……我被囚禁在轮椅上，也有14个年头了。也曾悲观迷茫，被恐惧和绝望抓牢。难道此生就这样完蛋了吗？

人在命运面前如此渺小！可来到世上一回，我不甘心缩在壳里，孤单地舔舐伤口。

外面有那么大的世界！

寸步难行后，我爱上了旅行，在亲友的陪伴下，去过30多个城市，写下了几十万字的旅行笔记。出版文集《飞翔的蜗牛》后，从没读过大学的我，还作为真人图书，走进北大、清华等高校，部队及中小学校，分享心路历程。

投身公益活动后，我结识了许多天南海北的良师益友。奖杯和证书拿到手软——好吧，不吹牛不会死，实际上我什么都不拿也手软无力，嘿嘿。这两年，我又尝试做公众号和微商，希望创造更多可能……

罕见病和重度残疾，让我失去了很多；但心无障碍，还可以学习尼克·胡哲，努力去享受不设限的人生，让生命绽放出精彩！

有些人赞我创造了奇迹，其实，我曾经是一个不可救药的胆小鬼！胆怯脆弱的“小蜗牛”，是如何实现蜕变、放飞自我的呢？

1

我出生几个月时就被病魔缠上了，学会走路后特别容易摔跤，很小就表情僵硬丧失了笑容，行动一天天变得艰难。在很多年里，我怕黑，怕跟陌生人说话。童年被母亲带回北京探亲，见面喊声“姥姥”“姥爷”，我都要酝酿半天情绪。小学时脖子上挂着钥匙，放学后却不敢独自回家。

直到上中专，在班里和小组中发言时，我还会腿发抖，涨个大红脸，心怦怦狂跳，仿佛张开嘴就会飞出去……

记得有次班里开联欢会，要求每人准备节目，一个都不能少！

我这形貌忠厚的老实人，不知怎么被相中演卖耗子药的小贩！轮到我时，我狠狠地吸了一口气，开始壮胆吆喝——“耗子药耗子药，先尝后买，不要粮票！小孩儿吃了不哭不闹，大人吃了马上睡觉！”同学们哄笑鼓掌，有人吹了声口哨。哎呀妈呀，我的脑子瞬间断片儿，后面几句背得滚瓜烂熟的台词怎么也想不起来了。见我愣在那里，同寝室的小伙伴们赶忙把假装成耗子药的糖果抛向观众救场。“呃，质量可靠，实行三包，减肥健美，别具奇效……数量有限，谁来一包?”总算完成任务，紧张得我满头大汗。

我毕业后在一家工厂的服务站当会计。同单位的几个人都是爱说笑的大嗓门，二十出头的我却闷闷的，低头记账或看自考的书，常躲在自己的角落，找不到话说。

工作没几年，我无力再骑车和上下楼，一点点宅成了蜗居动物。

2000 年，爸妈为让我开阔视野，斥“巨资”8000 多元，请回一个方脑壳的家伙。我根本不会想到，电脑和网络会由此改变我的人生轨迹。

网络呈现出一个精彩的世界，其虚拟性令胆小的我感到好奇、自由和安全。我来到盲女“小草”创办的“黑夜日出”网站。本人化身为“泡菜”，写点东西，初露锋芒，稀里糊涂地成了那里的版主。别看我在论坛及 QQ 聊天时活泼开朗，可当众总是回避自己的残疾。

罗马不是一天建成的，我也不是一下子锻炼到胆“肥”的。网络使我接触到很多勇敢的伙伴，我渐渐突破了自己。有一次网友们偶然知道我的生日，在聊天室献上祝福和歌曲。受到感染，我那天第一次鼓起勇气，上麦唱了《上海滩》。虽然汗湿，但战胜自己怯懦的喜悦，让我激动到战栗。

张德芬在《遇见未知的自己》一书中写道：亲爱的，外面没有别人，只有你自己，所有的外在事物都是你内在投射出来的结果。确实，人最大的敌人往往是自己，我们须打败内心的恐惧、怯懦与无用的焦虑。

再后来，我开始策划和主持一些活动了，经过历练，可以在麦上谈笑风生。

2004 年初，我与一些病友创办了“精彩同行”网站。那时不少病友远离社会，不敢当众表达和演节目。我每每现身说法，坦言自己当年如何胆小，是怎样战胜自卑、走向阳光的。

作为聊天室的负责人，我几年间组织了不少网络教学和娱乐活动。许多原本内向、迷茫的病友被坚强乐观的朋友们带动起来，变得积极勇敢，精神面貌焕然一新……

2

我那时起名叫“E 梦飞扬”。因为行动越来越吃力，希望能在网络上放飞梦想，还曾为此骄傲过。但其实，这分明是给自己设限了。后来我勇敢地走出家门，走向更广阔的天地。

我坐轮椅后的第一次长途旅行，是去深圳！深圳网友冰子邀请我去她那里走走看看，我踌躇了很久，有太多担心。她鼓励我不要老吓唬自己！“办法总比困难多！我见过只有半截身子的人，满世界跑!"

终于在那个冬天，我战胜了内心的恐惧，在母亲的陪同下，平生第一次坐飞机，飞到深圳。

所有的伟大，都源自一个勇敢的开始！很多时候，除了外界原因，人们也给自己设置了种种障碍和"不可能"的标签。阳明先生龙场悟道，提出"圣人之道，吾性自足，不假外求"。自信一些，勇敢地迈出第一步，人生会因此而不同。

之后这些年，我与家人去过沈阳、北京、上海、杭州、南京、青岛、呼和浩特、武汉、成都、三亚、济南、昆明、大理、丽江等三十多个城市，行程达数万里。

我用无力的手指敲打键盘，写下几十万字的旅行笔记。2012 年底，《飞翔的蜗牛》首次出版发行，我圆了作家梦。

躯体可以渐冻，但生命永远蓬勃！我曾写过一首小诗，里面有这样几句："背起重重的壳出发，出发即是一种抵达！一步一步，去触摸世界的模样。"

感恩父母和亲人朋友的支持，让"小蜗牛"鼓起勇气，充满力量。

还是在 2012 年，为了挑战自己，我战战兢兢地报了名参加秦皇岛网络歌手大赛。第一次彩排时，我完全跟不上伴奏，后来深呼吸，沉下心来，用心朗诵和歌唱。评委和观众们被深深打动了，有的还落下泪来。那天，现场高手很多，我水平马马虎虎，竟意外斩获季军！

随后，我作为中国文化义工来到天津，在天津轻工职业技术学院对着 500 多名师生演讲。在基本脱稿的情况下，我讲了一个小时。台下的师生时而爆笑，时而流泪。曾当众发言就紧张的胆小鬼，终于战胜了自己，赢得了掌声与喝彩。

后来，我又走进多所学校，包括北大、清华这样的名校，作为罕见病真人图书代表，与更多人交流，自己也汲取了更多能量。

2013 年夏末，我圆梦草原，在老同学文利的保护下，骑上了大马！几十年来的一个梦想变成现实，百般滋味从心底涌出，涌到眼里。有那么一会儿，我不禁泪落如雨……

当我变得勇敢坚强，拥有开放的心胸，生活亦丰富多彩起来，残缺的生命绽放出更多的美丽。宇宙有吸引力法则，你相信美好，也会遇见美好。

2014 年，我又加入秦皇岛的爱心公益团队，一起去扶贫助困。我结识了众多可敬可爱的兄弟姐妹，他们很多人被我的精神感动，愿意做我的腿。翠云姐还和老爸老妈一起，不辞辛苦，伴我万里走天涯！

这两年，我又开始尝试做微商，希望自己能变得更强大一些，报答年迈的父母，也争取多一点的自由，有能力去帮助别人。

慢吞吞的“小蜗牛”，能飞不靠吹！有梦、有爱、有勇气、有信心，就像插上了隐形的翅膀，助我去飞翔！真的像歌里唱的，看到一个个梦想开花，自己的生命也变得精彩，成为一个有故事的人。

2018 年 3 月 14 日，“跨界”最多的物理学家霍金走了。他自 21 岁开始，身体出现“渐冻”症状，被预言活不了两年，可他 76 岁才结束了在地球上的“工作”。他不仅有聪明的大脑，还有温暖有趣的灵魂。

人生是一场旅行，更是一场修行。心无障碍，天地皆宽！改变生活从改变态度开始！

只有改变才能看见未来

危机重重，敢问路在何方？

又一冬夜。无边的黑暗将我重重包围，我蜷在被子里，腿脚发凉。

辗转了好几个小时，我仍无睡意。而这种严重的失眠已持续了好多天。我告诉自己别再胡想了，脑海里却有无数场景不断闪回，兀自兵荒马乱。

常说夜深人静，其实往往夜越深，人越不平静。看过刘同对此精妙的形容：平日心底里那点虫子般窃窃私语的怀疑，总会在那时如回响般阵阵轰鸣——心空了一块，才有回响。

10 月中旬，我在老爸陪同下赶赴北京，参加百名残障人士无障碍体验行，与一些亲朋好友会面，还参观了国际福祉博览会。

患上“渐冻症”，我彻底失去站立行走的能力已有多年，双腿跟腱重度挛缩。偶尔梦见自己步履轻盈地行走和奔跑，醒后都会久久回味。而这次在北京，我竟站了起来！

在福祉博览会上，我被抱上一款可帮助瘫痪肢残者站立的电动轮椅。绑定后，一按电钮，座椅缓缓升起。虽然变形的膝关节被顶得很痛，但重新站立的感觉，仍让我感到新鲜并激动不已——“上刑”许久都不愿下来。

站立行走，对健全人来说像呼吸一样自然，于我却是奢望。哪怕借助这设备像罚站，不能使我迈出一步，它依然诱惑着我。可 20000 元的价格，让我只能无限幽怨地望了又望，然后转身离去。

听到它在我背后哼了段小曲：你可以假装看不见，也可以偷偷地想念……

已过凌晨3点，我依然睡不着。右腿压麻了，难以翻身，只能微调一下角度。

一阵轻轻的走动声，卫生间的灯亮了。母亲起夜，去咳掉喉咙里带血色的黏液，然后漱口。她看上去乐呵呵的，可每天半夜因不舒服起来，已有数年，高血压、动脉硬化、脑萎缩等疾病折腾着她。

上个月，母亲住院做了鼻窦手术。从全麻的昏迷中醒来后，她恶心呕吐，一天吃不进东西。那几日，老爸和弟弟、弟妹轮流去陪护，我这个女儿却无法在母亲难受时照料她分毫，我能做的只是尽量减少他们的负担，比如某天当我独自在家腹痛到眼前发黑、直冒虚汗时，我尽量忍着，直到担心虚脱才拨打了弟妹的电话……

父母是我最坚强的后盾。他们历经岁月的风霜，为了我这个重残的女儿，尽力扛起生活的负重。可他们已过了古稀之年，难逃衰老多病的铁律。二老在撑着照顾我，若再有变故，我们仨脆弱的平衡将不堪一击。到时，我还能依赖谁？我的眼泪又能救得了谁？

决心创业，改变才能看见未来

随着病情的发展，我的身体越来越弱。过去十几年，在父母的支持下，我将主要精力投身于公益，努力传递爱、温暖和正能量，获得了感动秦皇岛、感动河北年度人物称号，河北省优秀残疾人等荣誉。

我曾“任性”地做自己喜欢的事，在自立方面却存在着明显的短板。如今危机临近，一味焦虑没用，我必须强大起来，对自己的未来负责，也让白发爹娘安心。我人生的三大终极目标：心灵自由、财务自由、时间自由。靠谁都不如靠自己。

经过许多难眠的夜晚，我决心转型，尝试做微商，寻求自立。张泉灵说过，只有改变才能看见未来!

于是，在2016年11月，我跟随写作网校集美丽与才情于一身的应小青老师代理青藏特产：青海百里花海的蜂产品、野生黑枸杞等。

做了这么多年公益，突然在朋友圈卖起产品，朋友们会怎么看待？会屏蔽我吗？在我纠结犹豫时，感谢诸多朋友、同学给予"小蜗牛"大力支持，他们购买、转发我的信息，鼓励我迈出第一步。

小小微店连续成交多单，有些同学为支持我，现学如何将银行卡绑定微信、如何通过微店下单。他们收到产品后感觉质量好，也帮我宣传。那些支持与信任，不仅让寒冬中的我倍感温暖，还增加了我前行的勇气与力量。

宇宙间是有吸引力法则的，缘分也很神奇。

没过多久，我与读中专时的学姐马艳重逢。艳儿姐特别善良豁达，古道热肠。她送来艾艾贴，又把我的故事讲给她的引路人李莉莉。莉莉是个月收入达到七位数的微商大咖，后续赠了我几十盒艾艾贴，她和艳儿姐都给了我不少帮助和支持。我学习经络养生知识，用艾艾贴改善了身体多方面的问题，并对之进行推广，帮一些朋友缓解病痛，也获得一份收入，甚是欣慰。

我参加过团队21天网络营销特训营，每天高强度学习、完成各种任务和挑战，零点前后才把满身疲惫的自己蹭到床上休息。《能断金刚》一书里提到种子法则和空性，指出空性并非是没有东西，而是指有无限潜能。那段时间，我发挥了很大潜力。不过自己的身体难以承受过度透支，之后很久缓不过来。推广艾灸产品，非常需要走出去，上门帮患者艾灸并当面指导，这对于行动受限且四肢无力的我，不易实现。

遇到发展瓶颈，我该怎么办？放弃吗？

坚定梦想，越努力越幸运

其实，先后有3位好友主动提出，要赞助我买站立轮椅。我满怀感动，但婉拒了他们的好意。谁的钱都不是大风刮来的，我决心靠自己的努力，去实现重新站立的梦想。

2018年3月初，我加入了一个团队，推广护眼产品。在全民读屏时代，眼睛不舒服的人太多了，市场也大。

以空杯心态，46岁的我从头学习，像学生那样做笔记，让自己变得更专业，大胆将好的产品和团队理念分享出去。先做人，后做事。我的真诚赢得了很多朋友甚至陌生客户的信任，我渐渐组建起团队，也带领一些有梦想但经济比较困难的小伙伴一起创业。

爱出者爱返，福往者福来，帮助别人，也是帮助我们自己！

通过坚持，我有了稳定的收入。我用自己的收入给勤俭大半生的父母买合体的衣服、舒适的鞋子，捐钱给困难群体，尽一份微薄之力，也旅行圆梦，去更远的地方，领略这世界的精彩与多样……

钱不是万能的，却可以让我们增强面对危机和风险的能力和底气，多一些选择和自由的空间，让梦想不再遥不可及。

2018年11月8日于我是个特别的日子——“小蜗牛”曲晶终于实现了两年前定下的那个“小目标”——把梦寐以求的“宝马”车买回家了！

它像黑武士一般，大名叫全智看护机器人，功能、款式、人性化设计，都比之前看过的那辆定价20000元的站立轮椅更好。当然，价格也贵了一倍多。

这并非一辆豪车，但它在我心中，不亚于宝马！借助它，因肌病困坐了十多年的我重新站起来了！尽管伴着上刑般的痛楚，我仍骄傲地唱起《国际歌》。多年前看过白岩松那本《痛并快乐着》，用到这里恰如其分。

四五万的价格，我曾不敢想象会拥有它；而如今凭借努力，靠做微商的收入，梦想开出美丽的花。

作家大冰有句名言：星光不问赶路人，时光不负有心人！回想走过的路，我有太多感慨。

从站立到自立，是关键的一步！如果不向目标迈开双脚，梦想永远只是一个梦。心在哪里，收获就在哪里。许多事，都是熬得住的人出众，熬不住的人出局！

“万物皆有裂痕，那是光进来的地方。”与其哀怨地盯着残缺的部分，不如换个角度：正因有裂痕、有残缺，才有可能将希望和光芒带进来。

患上了全身肌肉不断萎缩的罕见病，生命随时可能戛然而止，它是不可逆转和改变的，但我可以选择自己的人生态度，换一种方式，尽量活成想要的样子。

生命中处处皆修行，不要轻易给人生设限。相信美好也会遇见美好，越努力越幸运，越磨砺越有光芒！

2021，我从至暗谷底飞向光明

2021 年，注定成为我生命中一个重要的转折点，只是转型的代价比较惨痛。但历经打碎重来的痛苦锤炼，我身上发生了一些脱胎换骨的蜕变！

2022 年已来，简单复盘下去年的部分经历，然后重新出发，也从心出发。

“渐冻”加骨折，我跌入人生至暗时刻

因罕见病，我的肌肉无力一天天在加重。而父母近80岁，照顾我也变得更加艰难。疫情常态化，我们仨有两年多未离开秦皇岛了。

“梦中的橄榄树”又发出了召唤。我和爸妈筹划4月中旬去古都西安，再游历几个城市，比如去洛阳赏牡丹。

可你永远不知道，明天和意外，哪个会先到来。

3月31日早7点，我叫了车准备去体检中心。快到小区大门时被滴滴司机电话催促，老爸加快脚步，没注意到地面有个坎儿。轮椅的前轮被突然卡住，我头朝地砸下去，脸破相，手机飞出去碎了屏，更严重的是我的右髋关节骨折！

因我的神经肌肉疾病，麻醉是难关，医生说情况不妙的话我有可能难以恢复自主呼吸……

我扛住风险，做了大手术。术后完全丧失了自理能力，各种痛不欲生的煎熬。父母护理力不从心，我雇了护工。期间，在沈阳的小弟请假回来了几天。

爸妈做饭、送饭，轮流陪护我。有一天为减轻我久卧的压痛，老爸在床边垫起我好为我减压。等老妈接班，喂我水果时告诉我，老爸扭伤了腰。看着母亲的白发和干枯的双手，没有因各种疼痛哭泣的我忽然泪流满面。老妈轻轻地抹去我的泪。我侧转头，没说话，只是无声地落泪。

二老那么大年纪，我不能尽孝，反而要他们克服病痛，辛苦地照料我。心里的疼更甚于伤口的肿痛。

骨折后，我先是瞒着绝大多数亲友。多日后，很多人闻讯从不

同方面表达了关爱和帮助。感恩有你们，这里不列名单致谢了。

4 月末，我出院，回家养伤。开始还须每天卧床 20 小时左右，只三餐前起床。这时我感受到，能坐在餐桌前和家人一起吃饭，不需要人一口口地喂，白发爹娘不必来回跑医院照顾我，也是种小幸福。

林清玄说："人生幸福的开关，不在于你拥有很多东西，而是你能敏感于一些细小的东西，从而打开开关。"

"万物皆有裂痕，那是光进来的地方。"可是，我的希望之光在哪里呢？多少个夜晚难眠，我的头发花白了一片。

康复训练，守得云开见月明

跟我回家的护工邢姐来自唐山的一个小镇，她善良活泼，爱说爱笑，也容易流泪。她很敬佩也心疼我，不去管我患的是目前世界医学界还没攻克的罕见病，她诚心发愿，希望我有一天能重新站起来。

为了实现这个看似不可能的目标，邢姐除了照顾我的吃喝拉撒，还耐心帮我按摩通经络，陪我锻炼，不惜汗湿衣背。

她早年因为家贫，没上过学，后来自学认识了一些字。按摩也是跟着网络视频及在直播间学习的。她挺有灵性和悟性，我们很投缘。

经历这次骨折的重创，我才真正意识到健康——哪怕是部分自理——的重要性。邢姐帮按摩，腿伤略好些，我就忍痛坚持循序渐进的康复训练。两项加起来每天 4 小时以上。

我去年买了电动健身车，但利用率很低。这几个月每天用它锻炼四肢，边锻炼，边唱歌或听音频。天才的邢姐还就地取材，把我的轮椅和办公椅"开发"成健身器。

感谢病友柴丽丽寄来黄瓜籽粉，检验员兄弟帮忙开了接骨中药，石家庄的表姐也寄来了营养品。写作网校的段秀娟姐姐，从贵州到石家庄学习，结束时专门绕道来秦皇岛看我。段姐在我家住了一宿，她也是特别善良的人。

通过亲戚引荐，我还结识了海南百年福旦公司的董事长。王总赞助了我一条有医疗作用的石墨烯理疗毯，据说其有消炎、通经络、提升免疫力等作用。

经过8个月的康复、调理，我的精气神、肌肉力量及自理能力都有了可喜的进步。弯曲变形的腰椎有所伸展，手臂和腿长了些肌肉，膝关节处的挛缩有所改善，脚上的大筋节没有了，后背长斜了的一条肉走了正道……

因患上广义“渐冻症”，我接受了身体只会每况愈下的残酷现实。而大半年来的改变，有个叫希望的东西重新被点燃，我甚至开始相信自己身上会出现奇迹——有朝一日我能站起来，走路、奔跑、跳舞，开启崭新的人生。

某个看似寻常的夏日黄昏，我在楼下晃动着因肌无力不咋听指挥的四肢，笨拙地“舞蹈”，并模仿了赵丽蓉小品中一句台词。邢姐抓拍下来。

没想到这个小视频自带魔力，上传到视频号，就像推倒了多米诺骨牌的第一张。接下来发生了一系列奇妙的事，我也遇上了一段段神奇的缘。

视频号风口，“小蜗牛”遇贵人再次起飞

这个有点辣眼睛的9秒“舞蹈”，上传到视频号，邢姐就帮我去洗澡了。半个多小时后，发现该视频播放量破10万，点赞过千！还有些人加了关注。

哇，这也行？我居然也能上热门？“小妹，你要成网红了！”邢姐兴奋地大喊。

我又发了几个小作品，被视频号平台推荐。播放量最高的一个小视频是77岁的老妈抓着我的手锻炼的，配着《最亲的人》这首歌，光点赞就达3.6万。

我赚到人生的第一个200万！200万啊，做梦都想不到的数字！不过并非人民币，而是单条小视频的播放量，嘿嘿。

短视频和直播成为风口，已火了几年。都说在风口上，猪都能飞！而我这蜗牛辜负了“飞翔”这前缀，一直慢吞吞地爬。

为了赚取每月数千的护工费，我没有躺平的资格，必须破局。

我壮着胆子尝试了直播。可没有颜值、没有笑容也缺乏基础知识的家伙，直播间留不住人，最惨时就剩下我自己。

我决心先充电。找到了辅导新手的“珊姐教直播”。珊姐是北京的，60后，听说我是一个“渐冻人”，马上表示不收学费，义务教我。

为了深造，我在10月上旬又付费报名了萧大业21天视频号训练营。

大业老师拍他父母《相濡以沫》的短视频，单条播放量超过2.4亿次！想想这是啥概念，中国人口总数是多少？他是企业管理专家、创业导师，超有人格魅力，也是2020视频号榜教育类博主排行第一。

大业老师有趣、有料、有情怀，与他强强联合的艾乐老师也很厉害，是腾讯视频号的官方讲师。训练营同学中有大把“牛人”，也不乏粉丝过百万、上千万的新媒体变现大咖。

跟有结果的人学习可以避免踩坑，我提升了认知，也结交了一些好朋友。再直播时，老师、同学们来助力，我有了底气。

我在视频号商品橱窗上架旧版《飞翔的蜗牛》，很快签售了 200 多本。非常感谢大家的支持。

有不少读者反馈看了我的书受到激励，还有一些是与孩子共读这本书的。有几个 10 岁左右的孩子很喜欢我的书，每天认真看，不认识的字用百度搜索，变得爱学习了。前不久，有位小读者在期末考试时写到我书中的故事，作文得了满分，家长来报喜……

在视频号学习探路几个月，我结缘了很多优秀、勤奋、善良、有趣的朋友，收获了友谊、快乐、温暖及鼓励。通过努力，我赚到了一些钱来支付护工费，减轻父母的负担，也对自己的未来负责。

2021，还有许多事、许多人来不及记录下来。复盘时，我甚至要感谢经历了这次骨折、打碎重来的变故。它让我跳出颓废了一年多的生活，发生了由内而外地改变，给我带来重生和希望。我的人生重启了！

曾看过一本影响了千万人的书《活出生命的意义》，它是维克多·弗兰克尔的代表作。弗兰克尔是医学博士、大学教授、著名心理学家。他一生共出版了 39 部作品，并被翻译成 34 种语言。他本身就是 20 世纪的一个奇迹！

作为犹太人，纳粹时期，弗兰克尔的全家都被关进了奥斯维辛集中营。3 年后，他和妹妹活了下来，但他的父母、妻子、哥哥都死在了毒气室。这段如炼狱般的惨痛经历，没有打倒弗兰克尔，反而成就了他的心理学研究，他创立了意义疗法，帮人们找到绝处再生的意义。

每个人都会遭遇人生的至暗时刻，重要的是点亮心灯，永不言弃。

努力做一个“心里有爱，眼里有光”的人，寻找到生命的意义。向美而生，向上生长，才不负来人世间一场，才不负经历的苦难与磨砺。

第二篇　爱之翼

“你能走多远，要看与谁同行。”浓浓的亲情是我坚强的后盾与心灵的港湾；深深的友情给我快乐、启迪与力量；来自陌生人的关爱，是生命中的雨露、春风。行走在路上，我从不孤单，感谢有你们相依相伴。爱为残缺的生命插上翅膀，带我飞，给我希望。

 在我生命中站成一棵树的男人

1

彪悍的西北风裹挟着雪粒在天地间冲撞，气温逼近零下20摄氏度。患上“渐冻症”的我，全身肌肉无力，血液循环差，每到冬天就更加难熬。家里暖气不够热，我久坐在电脑前，腿脚冰冰的，手指也愈发僵硬。

70岁的父亲为我打开电暖器，出门去了。他说回来包饺子，可都快12点了，还不见人影。望着窗外的风雪，我的心不由地十分凌乱。

电话铃响，是父亲的声音。他在离家不远的地方摔倒了，腿有些疼，不便走路，让我老妈推上自行车去接他。

回到家的父亲跛着脚，却安慰我们不要紧，称自己摔得不重，可能扭了下筋。午饭后，他躺在床上休息。傍晚时，见他疼到难以迈步，我赶紧打电话叫大弟回来。

去医院检查，报告显示他右腿髋关节骨折，且有错位！医生惊奇，老爷子怎么能忍得住如此疼痛，竟然耽误了好几个小时才来医院。

4天后，父亲做了大手术。坐轮椅的我去医院看望他，只见他蜷在床上，身躯显得那么瘦小干枯，沟壑纵横的脸上遍布老年斑，岁月的雪落满了头顶。我的心被刺得生疼，却无法在床边照顾他，哪怕一天！

弟弟和老妈轮流陪床，弟妹做了营养餐送到医院。大半辈子为

一家人操劳的父亲不习惯被人照料，生怕成为家人的拖累。"爸，您安心休养，这些都是我们应该做的啊！"弟妹柔声劝慰。父亲用粗树皮般的手，抹去两行混浊的老泪……

2

我出生不久就体弱多病，后被诊断为进行性肌营养不良症。随着年龄增长，残疾也不断加重。关于冬天，我有着太多刻骨的记忆。而父亲，就像永不落山的太阳，把最多的爱和暖，给了我这个最弱的孩子。

内蒙古的冬季漫长且寒冷，滴水成冰，下场雪半个月都化不了。我双脚生了严重的冻疮，破溃后肉都烂掉一块。父亲常把我冰凉、红肿的手脚捂在怀里，眼里满是疼惜。

有一次，我高烧不退，父亲用自行车推着我，向医院赶。在一片白茫茫的世界里，狂风恶狼般地吼叫着，刮得我脸生疼，眼睛都难以睁开。父亲将我的围巾扎得更紧些，努力用身体为我遮挡强风。"丫头，冷吗？"我上下牙直打架，但摇摇头："我体温比你高哩！"他咧嘴笑了，继续加紧赶路。雪地上，车辙与父亲深深浅浅的脚印很长很长。那个风雪中的背影，令我终生难忘……

1988年冬，我的家搬到了秦皇岛。读初三的我，拄着拐杖艰难求学，成绩优秀。残酷的病魔一点点地吞噬着我四肢的力量，我摔倒了便再难爬起来。

5年后的冬天，听说石家庄某医院治疗肌肉疾病有重大突破，父亲请了假，满怀希望地带着我，又一次踏上求医之路。

住院期间，我每天喝下昂贵又令人作呕的中药，父母一个月的工资仅够支付几天的药钱。家中，我两个弟弟还在上学。为减少开销，父亲效仿其他患者家属，买来小锅、大米和菜，悄悄用小电炉在病房做饭。他总抢着把肉和蛋夹到我碗里，自己吃青菜。每晚 10 元的加床费他舍不得花，便借住在几里外一个亲戚家，晚上安顿我躺下后，便独自冒着严寒和风雪走回去，第二天一大早，又赶回病床前。

带的钱很快就所剩无几，我的病却不见有任何好转。离开医院那天，父亲将两个装了行李的大编织袋用毛巾捆好搭在肩头，左手拎着些杂物，右手搀扶着我，走走停停。

他瘦弱的双肩是如何承受这些重量的，我不知道，他没叫过苦。然而，我眼看着父亲从年轻英俊的壮年走到了老年。他的腰身不再挺拔，背有些驼，头上的青丝变成了白发。严重的静脉曲张令他小腿的血管蚯蚓状地拧在一起，皮肤呈黑紫色，不时破溃……

3

因为我的病，父亲不敢老，尽力支撑着这个家。我无法站立行走，前些年消瘦的父亲隔些日子就会背我下楼，去晒太阳。他蹲下背我已难站起，要先坐在凳子上，再扶墙撑起。我伏在他背上，感觉到他的脚步和喘息都在日渐沉重，心也揪着疼。

他与母亲一起，几十年来呵护着我，古稀之年依然鼓足勇气，带着寸步难行的我去远方旅行、圆梦，支持我投身公益。

2012 年冬，我应邀参加走革命老区的活动。那天出了火车站，见路面满是冰雪，很难走，我便蹙眉。父亲笑呵呵地说：“别担心，有我呢!”他用力将轮椅的前轮翘起，一步步小心但坚定地前行，雪白的头发任风吹乱。活动期间，他一次次地抱我上下车，能不麻烦别人时，总是亲力亲为。有些义工赞叹老人家身体真棒，他便很得意。父亲从不当面表扬我，却爱向周边的人说起我出书、热心助人及取得的一些荣誉。我在高校演讲时，母亲含笑聆听，父亲的嘴唇抖动着，老泪纵横……

在我印象中，名字中有个“松”字的父亲，真如松柏一般不畏严寒。到秦皇岛后，哪怕数九寒天，父亲也常无视我们的劝阻，只在毛衣外穿件夹克就跑出去。前年冬天，他悄悄买了顶皮帽子戴上，去年，他开始穿棉袄、棉裤。有天晚饭后，我到客厅取东西，吓了一跳——父亲待在家里，竟然裹上了又厚又长的军用棉大衣！

“这衣服原本是给你两个弟弟的，他们都不要。不要拉倒，我自己穿！嘿嘿，这回不冷喽……”他讪笑着，脸上带着不好意思的神情，像做了错事的小学生，眼神有些躲闪。

父亲常自诩身体好，号称“老顽童”，其实他也逃不开衰老：牙齿接连掉落，手不稳，隔三岔五打碎碗碟；曾明亮的眼睛混浊了，爱迎风流泪；刚经历过的事就想不起来了，学会了把要办的事一一写在纸条上，完成一项划一道；易激动，有时会因一点小事冲母亲发脾气，看影视剧每每掉泪；晚饭后卧在沙发上看电视，有时《新闻联播》还没播完就眯糊着要睡着了……

在这次骨折前，他体检查出重度骨质疏松，却没当回事。结果并不严重的一跤，竟致骨折。恢复后他落下了一些残疾，无法再负重，甚至连蹲下都成了被禁止的动作。

原以为，父亲是我生命中的太阳，会永远温暖，有他在身边，“渐冻”的我就不怕寒冬；现在我知道了，他只是棵遮风挡雨的大树，而树，随着年轮的增加，总有老的时候……

岁月的风霜长年累月地侵蚀，父亲的活力在一点点衰减，如今已迈进了人生的冬天。他的样子，有些枯干，真的像一棵沧桑的老树了。

父母老了，可我有春晖回报吗？

久久地听着《父亲》这首歌，眼泪一滴一滴地落下。

今生，女儿欠你们太多太多。我能做的，就是好好活着，以微笑面对命运的铁幕。时光时光慢些吧，请让父母慢些老去。我会努力成长，给你们些许心安，让相守多一些幸福。

 母亲的小气与大方

看完《用一生读懂母亲》，心中几多感慨。

重残的我一直与父母生活在一起，靠他们照料，与他们朝夕相处。那么，我真的读懂母亲了吗？本篇，我试着写写她性格中的“小”与“大”。平时我和母亲像朋友一样，相信她看我揭她老底也不会生气。

母亲的小气常让我们哭笑不得。

过去家里上有老、下有小，供养3个孩子，我还患有重疾，父母大半辈子都非常节俭。如今我两个弟弟都已成家立业，老两口的退休金比上不足，比下有余，老太太却依然是大衣柜没把手——抠门儿！

她有两条基本原则——第一条，破家值万贯，任何东西都是有用的；第二条，如果其他家庭成员一致认为某件东西确实没什么用了，那么参见第一条！

活了半个世纪，搬过10多次家，很多破旧的东西她都舍不得丢弃。比如一个装米面的笨重的实木柜子，硬是从内蒙古带过来，装了其他东西；20世纪70年代末买的一个大立柜已经快散架了，还在超期服役……

1988年冬，我家从内蒙古搬到秦皇岛，千里迁徙，父母把家里的"动产"几乎悉数搬来了。那时火车运费便宜，调动工作单位给报销运费，这二位就连刚买了没来得及烧的一吨煤块及烧火的劈柴都运来了！

临搬迁前，母亲的一位同事告诉她土豆做的淀粉不容易变质，虫子也不吃，能保存很久。她就拿粮票买了几十斤淀粉带到秦皇岛。这一大袋淀粉吃了20多年，现在做菜还加些。我有时想，这淀粉都要成精了！我在网上查了一下，淀粉的保质期是24个月，可母亲不当回事："那是商家为了总让你买做的宣传，咱带来的粉面子现在都没坏嘛！"

生活困难时，剩下的饭菜哪怕有点馊了爸妈也会热热再吃。这几年知道吃变质的剩菜容易致癌，他们才有所改变。

父亲是家里的"财政部长"，负责绝大多数物品的采购，母亲的收入和父亲差不多，却不爱管钱，工资绝大部分上交，自己只留点买菜钱。她不爱逛商场，不用化妆品，也不怎么会买东西。

她很少添置新衣，总说自己有的穿，衣服能穿就行。我就没听她抱怨过哪件旧衣服过时、难看。我工作后的头几年会拉着她一起逛逛街，当我变得寸步难行后，她可以一两年过商场而不入。我只好学习网上购物，给父母和自己添置些衣物，加上弟妹的孝敬，母亲的打扮才时尚了一些。

她也喜欢穿得漂亮点儿，可喜新不厌旧，那些二三十年前的旧衣服仍舍不得淘汰，还不时拿出来"发挥其余热"。至于内衣，老太太更是经常专捡旧的穿，哪怕已破了一个个小洞，她却说：“你不懂，全棉的穿着舒服，破了凉快，反正没人看见……”

老太太敝帚自珍的后果，是我家各种破旧的杂物积攒了太多，有时好东西都放过期了。她不擅长收拾却专爱摆摊儿，家里便经常乱糟糟的。每次听到亲友或客人要来访，总免不了一番突击打扫。可你这边刚清理完要扔掉些没用的破烂儿，老太太就会把一双近视眼瞪成“X 光眼”，你扔了，她有时又捡回来。为这一点，家里人没少生闲气。

2008 年我家搬到农村前，在沈阳的小弟特意请了几天年假，回来帮忙收拾。他太了解父母过分节俭的特性了，可新家放不下那么多杂物啊。

在保险公司做管理的小弟使出浑身解数，向母亲做了几次“演讲”和游说，那真是动之以情，晓之以理，从不同方面分析有些东西必须淘汰的道理。阿弥陀佛，老太太总算口头认可，小弟便开始清理归类。可到动真格清理了，母亲依然是老一套。话说有一天，小弟趁母亲出去办事，以迅雷不及掩耳之势将收拾出来的三大包旧衣物扔到了垃圾箱，很快被人捡走了。

老妈归来，见这个“败家子”竟敢背着她扔东西，很生气，后果很严重！

“扔扔扔！你们都对，我都不对！好，都扔了吧，把我也扔了得了！你们搬吧，我不走了！”她本来又高又亮的嗓门不觉中又提高了 8 度，帕瓦罗蒂能唱到 high C，老妈急了没准能唱到 high J、high Q、high K 的。小弟忙赔不是，老妈依然怒气难平。“老娘，别生气，算我花钱买你那堆破烂儿行不？”小弟从口袋里掏钱，老妈才不要他的钱，仍唠叨了好几天。

唉，遇上这么一位老妈，我们有什么法子呢？可在另一些方面，母亲又表现得很大方，也想得开。

我小学四年级时，母亲攒了一两年的钱，买了辆“飞鸽”牌自行车。这是当时家里的大件儿，她却舍得让我练习学着骑，不怕摔坏新车！我非常感念母亲在这事儿上的大度和鼓励，在之后的十几年里，我得以骑着车子上学和上班。

2000 年初，我因病已难下楼行走，大弟刚工作，小弟还在沈阳上大学。为了让我能学电脑开阔眼界，父母从有限的积蓄中拿出 8000 多元购置了一台电脑，然后又安装了宽带。那时，8000 多元对我家来说是个大数字！老妈 1999 年退休，去单位补差继续工作，每天从早忙到晚，每月只多赚 200 元。

我身体持续变弱，而在网上做公益又耗费了我大量的心血与精力。年迈的双亲除了精心照料，还在背后默默地支持和供养着我。我的低保金远不够维持生活，但当有病友的家里遭遇突发的困难时，却还是会略尽绵薄之力。母亲曾冒雪赶到邮局替我汇款，也曾顶着烈日帮我选购送给病友的礼物。这些时候，她不再是那个抠门儿的母亲，给了我足够的理解与支持。她在聊天室参加我们的活动时活泼得像个小姑娘，还带着坐轮椅的我去外地参加病友聚会。

2008 年，我家搬到农村。父母在村里空闲的地边开垦了几小块菜地。于是，母亲起早贪黑地在地里忙碌，美滋滋地当起了准农民。付出辛劳，能收获到新鲜的绿色蔬菜，老太太特别开心。她经常将摘来的鲜菜送予近邻。网上有偷菜游戏，她种的菜也难免被偷摘。对此，母亲倒是挺大方，喜欢就摘吧，不是拿去浪费就好。

2010 年春，父母不辞辛苦，拿出多年的积蓄，带我出去旅行圆梦，一家人同舟共济，不畏艰难……

母亲马上就 80 岁了，每天乐呵呵的，继续唱歌唱戏，也继续在家摆摊儿，珍惜着那堆没多少用的破烂儿。

她究竟是小气还是大方？我至今也没琢磨透。我们都是小人物，小人物自有小心思和小算盘。

前几年，她执意为自己买了份保险。小弟帮她仔细计算了，由于已超过60岁，她买那份保险每年交的钱多，到时返回来得少，甚至会得不偿失，劝她放弃。母亲犹犹豫豫地答应去退，听业务员鼓动几句，最终还是买了！我们都说她傻，在保险公司做事的儿子还能蒙她不成？不信儿子的却听外人忽悠，这不是脑子缺根弦儿嘛！

有一天，偶然听到她跟父亲解释："我也不知道自己还能活几年，就想着要是我没了，给晶晶留一点儿钱——两个儿子身体好，能奋斗，不用多担心……"曾跟着数落过母亲的我鼻子一酸，眼圈红了。如果不是为了我，母亲的晚年生活本来可以更洒脱和安逸。

有网友觉得我心态很好，其实这多半来自父母的鼓励和言传身教。不管遇到多少困苦，母亲从不轻易落泪。"哭和愁也不能解决问题啊，生活总要继续。"她淡淡地说。

父母辛苦大半生，没积攒多少财富。但他们给了我生命，教会我笑对人生的种种困境，勇于追梦，去爱这个世界和身边的人——这些，就是最好的礼物吧。

双胞胎兄弟

在我7岁那年，35岁的母亲生下一对双胞胎。磊磊和焱焱——形似俩干巴老头，来报到啦。

别看他俩出生仅相差几分钟，但血型不同，长相和性格也差异很大。磊磊是哥哥，眼睛、嘴巴、耳朵都大；焱焱是弟弟，笑起来小眼儿就眯成了一道缝儿。

他俩都属羊，这让同样属羊的父亲甚是得意：咱家吉祥，妥妥的“三羊（阳）开泰”!

爸妈上班，磊磊满月后就跟着奶奶，焱焱则被送至一户人家托管。几年后，焱焱也到了奶奶身边。“原住民”磊磊仗着奶奶宠爱，年幼时爱欺负这个弟弟，指使他干这干那，动辄便以向奶奶告状相威胁。奶奶脾气比较暴，看焱焱不顺眼时会加以打骂。

我曾因此担心以后这哥俩儿关系会僵，可长大后，发觉自己想多了，人家兄弟情深。

磊小时候喜欢模仿霍元甲，也自创了一套“迷踪拳”，还爱拿几副扑克牌排兵布阵，一个人活成一支队伍。焱则迷上了去动物园，有一回失踪了半天，我们着急到处寻。后来，爸爸在离家 2 里多路的动物园中找到了小焱焱，他正与狗熊小眼瞪大眼呢!

有一天，我和爸妈外出回来，发现年仅 5 岁的小哥俩儿小脸通红、东倒西歪的。一调查，敢情二位“少爷”将小半瓶白酒兑上橘子汁给喝了！真是又好气又好笑。

总体来说，他俩都挺老实，没在外面跟其他孩子打过架，也不惹是生非。小哥俩的学习无需家长操心，放养亦能自觉完成作业，成绩都属上游。

谁知小学三年级时出了状况。他俩放学后常常很久才回家，作业爱出错，我攒了很多硬币的毛线袜子一点点瘪下去。彼时，电子游戏厅遍地开花，这俩小子也着迷了，悄悄拿我攒的钱去玩儿。

父亲管教过几回，他们口头上说改过，但哪里把控得住。终于在某个月黑风高夜，怒气冲冲的父亲命令他俩跪下，拿戒尺打完手心，又解下皮带，高高扬起。他没有真抽下去，发了一通火，猛地打开门，将一双儿子轰了出去：“去玩吧，不用上学了，再也别回来了!”

过了好一阵没动静，不会真离家出走了吧？父亲让母亲到门外看看，结果小哥俩还在那里，吓得够呛，以为爸妈真的不要他们了呢。

哥俩儿郑重地写下保证书，从那以后还真没再往游戏厅里扎。几年后中考成绩公布，从没上过补课班的磊、焱成绩都不错，焱还考取了全市前十名！

爸妈微薄的工资要养活一家老少，还要供我们仨读书、带我看病，日子过得挺紧巴。我一天天无力，弟弟们一天天长大，爸妈曾因为要同时供两个儿子上大学心怀忧虑。

磊主动提出上中专，省钱，还能早工作赚钱。母亲问大儿子："将来后悔怎么办？"磊大笔一挥，写下 4 字："决不后悔！"

1999 年，磊从邮电学校毕业，进了电信公司。转年元月，蜗居的我有了电脑，磊还为我接通宽带，费用他包。进入市场部的磊，长年累月地加班，但小伙子心态不错，并不抱怨。多年后，磊工作之余努力学习和提升自己，拿下了燕山大学的工程管理硕士学位。

焱从小受哥哥压制，懂事也不怕吃苦，从小学、中学再到大学，都是班长。高中时，他改名为绍华，而我们仍叫他焱。

在大学里，焱与另一个班的女孩莺交往渐多。莺有个双胞胎妹妹，同为孪生子，两人莫名亲近。莺是校报团刊的主编，是才女，而焱文字平平，但他俩就对上眼儿了。或许，能说清的就不是真爱了。

毕业后，焱为了女友，应聘去了沈阳的平安保险公司，莺则进了广发银行。2006 年 3 月，两人举行了婚礼。3 年后，小侄奔儿降生，是个聪明伶俐的"小沈阳"。

话说 2005 年国庆，焱与莺订婚时，磊还没怎么谈过恋爱。莺和她妹指点磊如何追女孩。就在这年的平安夜，磊的桃花开了。他去英语角参加聚会，被落落大方的妍吸引了。妍在国外工作过几年，讲着一口流利的英语，声音甜美，热心、干练。

"傻"磊磊失眠了，随即展开攻势。

磊平时粗枝大叶，容易丢三落四，对一见钟情的女孩却细致体贴。两个年轻人都很忙，见面机会不多。磊为了能多看到妍一眼，每天天不亮就起床，冒着严寒跑步到妍家附近的公交站点，或许只是挥挥手，或笑一笑。妍特别怕冷，有次下雪，磊提前赶到妍的单位，打车护送美女回家……

他与妍还真有夫妻相。仅过了半年，两人就领证了。他们参加了秦皇岛市委举办的50对新人乘船赴韩的"海之爱，首尔情"大型集体婚礼，浪漫牵手。

两个弟妹都聪慧能干，孝敬双方父母，对我也很关照。莺和妍常给我和爸妈买礼物。

那时我屋子小，床与电脑桌之间空间狭窄，我在一个没靠背的木板凳上一坐就是6年多！每天10余个小时，累得腰酸背痛。细心的妍没吱声，跑了好多商场，总算为我淘到一款小巧的办公转椅。当我站不起来时，这个会滚动的椅子就成了我的腿，载着我各屋"走"，也能实现我在床和马桶间的自由转移。

不是一家人，不进一家门，家和方能万事兴。

焱懂事早，很小就能分担家务，过去还常主动帮我压腿和按摩。有次雪大路滑，我不敢骑车去十几里之外的学校。刚上初中的焱骑车带我去，别时挥挥手，嘴角弯出好看的弧。

2005年5月，我做肿瘤切除手术。磊在公司忙联查，难以脱身，爸妈夜以继日地陪床看护我。焱特意请假从沈阳赶回来，协助照顾，抱我上下床、倒便盆，逗我开心……

焱是顾家型的男人，工作忙，也尽心地照顾老婆、孩子，孝敬岳父岳母。回到秦皇岛，他总会挽起袖子，帮爸妈清理、打扫房间。每次我和爸妈长途旅行，他都会发红包过来："没法陪你们一起，你和爸妈出门别太省，吃好些，该打车就打车。"

2008 年，我和父母搬进北戴河村。父亲年迈，背我上下楼已力不从心。磊每逢周末从市里赶来，只要天儿好，都要先问："姐，下去吗？我带你出去晒晒太阳吧！"然后先送轮椅下楼，再运运气，抱起我。这哥们儿婚后发福，腰和膝也不太好，抱起有些分量的我，便有些"咬牙切齿"。

"哎呀，好重啊！老姐，你减减肥吧，我也能轻松点儿！"

"切，人家曲焱抱我就从不费劲，背我上下 7 楼都没问题！还是你减减肥吧，减掉肚子上那袋'面'，你抱我就轻松喽。"我笑着反击。磊扑哧一乐，让我别逗他，一笑更没劲儿啦。

有个初冬的周末，磊和妍开车从市里向村子里赶，走了一多半，遭遇严重堵车。磊为了早些赶到以便带我下楼"放风"，竟下车一路跑步前进。到家时，这胖哥已满身大汗。

"姐，我先跑来了，下楼呗——过一段时间天冷了，你下去就不方便了。"

"瞧你这身汗，先晾晾，小心感冒。"

"没事的，抱你下去我再上来好了。"

他帮我穿好外衣，系上围巾。搂着他的脖子，听他下楼时喘着粗气，我没说谢谢和夸奖的话，但心里暖暖的。

其实，在磊五六岁时，有一回他嫌扶着一瘸一拐的我引人注意、丢面子，便躲得远远的。我被气哭了。如今，不管去哪里，他陪着我都很坦然。他抱我上下车，推着轮椅转，自己不怎么留影，却耐心地为我拍了大量照片。

2019 年春节假期，他给我和爸妈报名去新马泰旅游，让我们体验一回邮轮。邮轮上的无障碍设施很完备，但离港上岸时，要乘坐旅行社的大巴车。门窄、台阶高，磊架双肩、老爸抬腿，一次次吃力地抬我上下。几天下来，腰痛的磊咬牙坚持。到普吉岛那天，因我寸步难行按规定不允许上接驳船，我让他们仨去游玩，磊说自己以后还有机会，执意留在邮轮上陪伴和照顾我。

蔚蓝的大海，如巨大的宝石在阳光下盈盈闪亮。在轻柔的海风中，我们讲童年趣事，唱爱过的老歌，聊现在和将来。

错过普吉岛的风光，我并没太多遗憾。一家人在一起，风雨同舟，幸福平安与开心更加重要。人生最曼妙的风景，是爱，也是内心的淡定与从容。

家有暖男初长成

1

日子一天天、一年年，从指缝间溜走，不可追。

年迈的父母包括我自己，都在与病痛的纠缠中，渐渐衰老。

2018 年春节，小弟一家从沈阳回来探亲。9 岁的小侄奔儿聪慧可爱，充满笑声的屋里似乎也亮堂起来。

小家伙早就能背许多古诗词，快板打得相当溜，他讲迪拜塔的建造原理、宇宙黑洞的形成、航天员怎样在飞船上生活，我常听得一愣一愣的……

久别重逢，奔儿依次给大家拜年，吉祥话说了一箩筐。"最后，我还有一个心愿——在科技迅速发展的今天，我特别希望在不久的将来，姑姑能从轮椅上站起来！"童音清亮，如此美好的祝福，我们瞬间被他暖化了。

吃罢大年三十的饺子，一家人一起看春晚。

当爷爷奶奶、姥姥姥爷、爸爸妈妈、大爷大娘递上压岁红包时，奔儿却躲在床上，把手和头摇得像拨浪鼓，大家怎么劝他都不肯接受。问及原因，他说了一句让我们意外的话："这么多年都是你们给我压岁钱，什么时候我才能给你们压岁钱呀？"

奔儿有时淘气、任性一些，但内心柔软。傍晚看辽宁卫视春晚阎学晶的小品《妈妈的唠叨》，开始他乐得嘎嘎的，后来动情处竟跟演员一起落下泪来。

2

小侄大名叫曲宸恺，是个"小沈阳"。在我小弟与弟妹结婚3周年纪念日那天，长着象征聪明大脑门儿（俗称"大奔儿头"）的奔儿来报到了。

他打小就爱乐，一笑眼睛眯成一道缝，和我弟小时候一个样子。

在奔儿长到一岁半时，他第一次坐高铁，来到爷爷奶奶家——我们住的秦皇岛北戴河村。

那个秋天，他咿咿呀呀的还不会说话，经常"啊啊"地指着一个东西，充满好奇。他挥舞着小胖手跑来跑去，脚下的鞋子跟着吱吱地唱歌。他第一次进村，就带给我们无限的欢乐。分不清是大伙哄着他，还是这小精灵哄着大伙玩儿。

我坐在轮椅上，肉嘟嘟的奔儿坐在我腿上，由他妈妈推着，一起在村里兜兜转转。

来到小花园，还没轮椅高的他竟然学着大人的样，试图帮我推轮椅。嘴里哼哼嗨的，真是使出了吃奶的劲儿！

奔儿回去后，本大姑写了一篇几千字的文章《"奔儿"进村儿，妙趣成堆儿》。每每翻看那些图文，我都会傻乐出声。

奔儿再访北戴河村时已两岁半，会说话了，也更逗人了。小家伙记性好，跟他姥爷学会了快板小段、毛主席诗词，还能背下好几段老子的《道德经》。

我家老太太拥有甜美清亮的嗓音，高歌一曲，奔儿跟随手舞之，足蹈之，拍着巴掌赞："奶奶太棒了，加20分!"奶奶立马嘴咧到耳丫子，找不到北了！"太给力了，满分是多少?""100分!"好嘛，他奶奶得意早了，敢情20分是不及格呀!

奔儿两岁半还没断奶，来我家大白天的常佯装要"睡觉觉"，拉着他妈进小屋，美美地"吃"上一顿。问他羞不羞，要吃到几岁呀，他讪笑着伸出两个手指。乖乖，伸的是食指和拇指！我们乐晕了。

3

2017年4月，我和爸妈去沈阳参加曲氏宗亲联谊会。活动开始前，住在小弟家。彼时8岁的奔儿已经上小学二年级了，见到我们后欢蹦乱跳，像不知疲倦的小鹿。

他抢着推轮椅，推我在小区和花园里到处转。小家伙有力气了，有时推着我奔跑。裹着花香的风从身边掠过，我有种飞翔的感觉。

奔儿好动，但也爱潜心钻研。他参加奥数班、英语班、机器人兴趣班；从小喜欢看书，爱琢磨，动手能力强，对科技类的项目尤感兴趣。

他爱和一大堆乐高"较劲儿"，屋里有他专门的游戏空间。他常在那里摆弄积木和模型，和姥爷一起，组合出各种充满奇思妙想的东西。

我们来了，他热情地把爷爷、奶奶请进他小小的“王国”玩儿。有一天上午，他也想把我推进去。可进那个类似阳台的小空间，有个约两厘米的门槛儿，我没力气，轮椅不好上去。他试了两次没成功。

我摇摇头，到一边去看书。没想到过了不久，奔儿跑过来。“姑姑，这次你可以进去啦!”他眼里跳动着兴奋的小火苗，额头的汗珠盈盈闪亮。

原来，小朋友灵机一动，现场为我 DIY 了一个坡道!

他拖来家里刚拆开的快递大纸箱，折叠起来垫在门槛儿底下，又从积木中找来带斜面的部件，接在纸箱外沿儿，还用透明胶带固定。担心坡度不合格，小家伙竟把餐厅里两个椅垫也铺在了边缘做过渡！这次，他顺着自制的坡道，轻松地将我拉了上去。

“姑姑，这个小坡道是临时的。等我长大了，会为你，也为像你这样行动不方便的人，设计更多结实好用的坡道。那样，你们想去哪里就轻松啦!”

我的心一热，眼睛不觉有点发潮。

我曾送过奔儿《少儿百科全书》和《世界畅销童话》两本书，还有我大弟和大弟妹送的望远镜，奔儿都很喜欢。他能活学活用，保持创造性思维，将来一定会学有所成。

4

新学期到了，奔儿又回到学校，每天课内、课外作业有不少。小家伙精力充沛，还爱上了书法、国画，甚至开始学弹琴。

我担心奔儿近视，送了他正姿护眼笔和防蓝光手机眼镜，并寄去一封亲笔信。奔儿很喜欢我送的礼物，回信致谢，还说要学习姑姑坚韧不拔的毅力和永不言败的精神，争取做一个顶天立地的男子汉。

宝贝，也谢谢你，给了姑姑感动和力量。有担当有责任感，于一个男人来说是必须的。做一名温润的暖男，也会带给身边的人更多幸福。

2019年春节，奔儿又回秦皇岛过年。进门转圈问好，很快给我们每人发了一个红包，上面写着他的祝福。虽然钱不多，10元，20元，但这是他的一片心。原来给我们压岁钱的话，他不只是说说。

他又学了很多新东西。有一天给我们讲如何建桥，古今中外一些重要的大桥，建造的科学原理和大量数据都装在他的脑子里，一气讲了近20分钟，让我们再次目瞪口呆。

大年三十，在央视春晚开场前，我家先举办了别具一格的小春晚。

奔儿一番精心布置，将阳台装饰成临时小舞台。10岁的小朋友，导演、剧务、主持人一肩挑。我老爸来了段天津快板，我和老妈合唱获奖歌曲《爱在天地间》，奔儿灵巧的手上快板翻飞，他表演了老爸新编的我家过去一年的可喜收获，还用电子琴弹奏了《春天在哪里》……

春天在哪里？在歌声与笑声里，多才多艺的小帅哥让我们如沐春风，心底暖暖的。

奔儿长大会做什么呢？不管怎样，祝你健康、快乐。遇到困难时，让勇敢和坚韧照亮前行的路，一颗晶莹温暖又有创造力的心，比钻石更珍贵和闪亮！

也写写“我们仨”

龙年新春，我给玲打电话拜年。听到话筒中传来婴儿的哭声，我的心便是一动，38岁的玲终于如愿以偿，当母亲了！与玲通话后，我立即拨打了怀荣的手机，与她分享这喜讯。怀荣早我一步知道，她也正为此事激动和兴奋呢！

不久，小弟带我去看望玲和她的女儿。玲眼角已有些浅浅的鱼尾，她不到半岁的宝贝望着我，咧开嘴乐。“我闺女见到我姐家的孩子，哇的一声就哭了；见你笑，还真是有缘呢！”谁说不是呢！我的心也被小家伙含情脉脉的笑容融化了。

王怀荣、孙会玲和我，是中专时最要好的同学，同班同宿舍又同桌吃饭。4年间，我们仨几乎形影不离，是真正的心手相牵。

记得刚接到财校的录取通知书时，我对住校生活充满了忐忑。我那时拄着拐杖行走已较为吃力，离开父母的照料，我能适应集体生活吗？

父母送我报到，在宿舍安顿好行李，从食堂为我打了第一顿饭。“叔叔阿姨，放心回家吧，我们会帮助曲晶的！”室友热情说道，我心底顿时暖暖的。

正值青春的女孩子们到了一起，很快便熟悉了，从大姐、二姐一直排下去。王怀荣和我同岁，孙会玲在宿舍里最小，是我们的“小老八”。

打开水、买饭、洗碗、扶我上下楼……同学们纷纷向我伸出援手。不知从哪天起，怀荣和玲与我结成了固定的“对子”。我们仨开始了风雨同行的生活，这一走便是一千多个日子！

我与大眼睛的玲成了同桌——中专 4 年，始终“排排坐，吃果果”。我俩笑闹不断，经常像两个顽童似的互撩。她爱听我讲笑话，乐不可支时，捶来一粉拳，歪在我怀里。玲性情温柔、声音甜美，听她唱《女儿情》，我会入迷。怀荣的歌声洒脱且豪迈，被同学们誉为“怀式西北风”。

她俩每天帮我打饭。开始我们还每天核算各应花多少饭票，后来，买来饭票直接混在一起用，实现了小共产主义。由于总帮我的忙，这俩柔弱女子都练成了“女汉子”，能一次拎几壶水爬楼，双手端三盆热汤而不洒——左右手各端一盆，两掌间还夹着一盆！

我每周末骑自行车回家，玲坐长途车回县城，归来时她会带一大瓶炒得喷香的咸菜。怀荣的父亲早逝，她很小就帮家里干活，上中专后非寒暑假很少回家，为的是节省几元路费，还利用假期勤工俭学，赚些生活费。怀荣学习格外用功，有一股拧劲儿，哪道题解不出，便咬着牙较劲儿。

教室在 4 楼，宿舍在 5 楼，玲和荣常搀扶着我上下。雨天一把伞，她俩宁可自己淋湿也要保护好我；雪天扶着我小心翼翼地行走，“步步为营”——不长的一段路，我们会走上很久。

下了晚自习，我们牵着手回寝室。我有时如同被点了笑穴，会突然大笑不止，挪不了步。怀荣柳眉一挑，嗔道：“天，又神经了！这可咋整好哎！有啥好笑的？笑成这样！喂，你不走，我先走了啊！”见吓不停我的笑声，她便往前边去，走不了几步又返身回来。

有一年学校组织春游爬山，同学们欢呼雀跃，我暗自伤神。她俩和前后座的同学都鼓动我：“曲晶，别担心，一起去吧！咱那么多人呢，有的是力气，不会丢下你的！”那次去长寿山，颠簸的山路上，怀荣和我坐在一辆拖拉机上，差点儿把肠子颠散了。到了山上，玲和荣轮流搀扶，我平生第一次跨上了马背，幸福得像花儿一样！

我当年有个大名鼎鼎的绰号——“关键时刻掉链子”！每临近期末考试，总会不争气地病倒，支气管炎、轻度肺气肿、流涕、发烧、咳嗽、多痰，折腾得够呛，连青霉素针都镇不住……记不清有多少次，在冰天雪地中，玲和荣用自行车推着我，送我去附近的燕山大学医务室打针、输液。

我血管细，护士努力几次都没能将针头扎进手背的静脉，只得换了手臂扎。校医务所很冷，发烧的我更觉寒意刺骨。正在这时，玲和荣变魔术般，从怀里取出两个暖水袋，放在我的脚底和裸露着输液的胳膊下。

暖流涌向全身，我鼻子有些发酸。原来，她俩从宿舍出来前灌好了热水袋，藏在棉服里。输液要小半天时间，玲守在床边，安慰我别急。她柔声地念起一道道复习题。我吐痰擦鼻涕的纸和呕吐物，玲和荣也毫不嫌弃地清扫……医生原以为她俩是我的姐妹，当得知只是同学时不禁感叹了一番。虽然常常生病，但有了她俩的帮助，我的考试成绩依然不错，还拿过一等奖学金。

中秋月圆，同学们相约来到海边，伴着涛声说笑和歌唱，一曲又一曲。我牵着玲的手，与怀荣背靠背坐在海滩上。银色的月光下，心底忽涌起些美丽的忧伤，真盼望时间就停在那一刻。

青春的脚印深深浅浅，4 年时光转瞬即逝。

在毕业时的告别宴上，我心情复杂。想感谢同学们几年来对我的关照，但胆小到不敢表达。同学来敬酒，我先红了脸。正暗骂自己没用，怀荣牵起我的手，前往各桌敬酒，代我献上祝辞。

每临毕业，都有很多同学特别是女生，因难舍而流泪。我们仨约好要笑着告别。当那天真的到来，当长途车的汽笛鸣起，我只有拼命地向她们挥手。汽车渐渐远去，像把心也带走了，泪水流进嘴里，咸咸的、涩涩的。后来接到玲的信，只读了一行我又哭了。她说："没错，我们是说好不哭，可眼泪忘了！"

毕业后，同学们各奔前程，为生活打拼，事业、家庭、孩子，大多上有老下有小，忙得像停不下来的陀螺。

有年冬天，我收到怀荣捎来的礼物，是一件绿色带花纹的毛衣，漂亮、温暖。她知道我怕冷，这是她亲手织的，很密、很厚实，用了二斤多毛线！

我后来是从班长那里得知，怀荣2004年就当上卢龙县物价局的副局长了。她工作勤勉，曾多次荣获省物价局和国家发改委表彰，热心参加社会活动，当选卢龙十大杰出青年和人大代表……这些，老伙计从没对我炫耀过，通电话时，她每次都提醒我多锻炼。

2008年冬，怀荣到北戴河区开会，饭后来我家看我。她没多少变化，依旧素面朝天，言谈间还是那么朴实。临别时，我握着她的手，久久不愿松开……"这次认得门了，以后有时间我一定再来看你，和老八一起来！"

杨绛先生92岁高龄时出版了回忆录《我们仨》，讲述了她和钱锺书以及爱女钱瑗的人生经历。丈夫和女儿相继离去，她写下他们家63年历经的风风雨雨、点点滴滴。有些章节我看笑了，有些章节却让我心里涩涩的。

"世间好物不坚牢，彩云易散琉璃脆。"

杨先生的这本书中只有3章：我们俩老了、我们仨失散了、我一个人思念我们仨。

我和怀荣、玲毕业后相见不多，甚至联系也不频繁。但每隔段日子，午夜梦回，我们仨依旧走在一起，手牵着手。

"是谁在敲打我窗，是谁在撩动琴弦？记忆中那欢乐的情景，慢慢地浮现在我的脑海……"我喜欢蔡琴的这首歌，舒缓深情，温存地氤氲在这个雨夜。

写下这篇小文，重温我们仨的一些过往，回忆被时间镀上了黄晕。虽然也有“我一个人思念我们仨”的成分，但幸运的是，我们并未失散，依然彼此牵挂着、祝福着……

有一种同学，叫作李康

“曲晶，别担心，现在医疗水平高，你会好起来的！我过两天再来看你，有事儿你给我打电话。”李康说着，轻轻地拍了拍即将进入手术室的我。尽管因口罩的遮挡，看不到她可爱的小虎牙，但那双含笑的大眼睛里满是关爱。

这天是 2021 年 4 月 1 日，我进行右髋关节内固定手术的日子，麻醉风险比较高。听母亲说，我手术时李康在门外守候了很久才离去。

她是中午下班后赶来的，仔细了解我的情况，还硬将装着一厚摞人民币的纸袋塞给我母亲。护士来接我之前，李康和护工配合，抱骨折的我进卫生间解手。

李康是我的老同学，我们认识 30 多年了。岁月催人老，改变了我们的容颜，不变的是同学间的真情。

“流水它带走光阴的故事”，但总有一些过往被时光打磨成记忆的珍珠，盈盈闪光。

1989 年秋，考上秦皇岛市财经学校时我还可以拄着拐杖行走，尽管吃力，生活基本能自理。次年调宿舍，李康成了睡在我斜上铺的姐妹。她和其他同学一起，常帮我打水，扶我上下楼……

李康——听上去像男生的名字，实则是位活泼、果敢、智慧的女孩子。她是我们班的团支书，思维活跃，能吃苦、肯付出，组织能力很强，唱歌、跳舞、演讲、策划、主持活动，样样优秀！跟男生打球也不怵，乌黑的马尾辫甩来甩去……

当年能考上我们这所中专的，都是各校尖子生。除努力学习外，青春的活力在夜晚仍需“出口”。熄灯铃响，我们安静一会儿，待确定检查纪律的老师走后，又兴奋起来，叽叽喳喳地聊得欢。

有次某位同学被罚写检查，要求不得低于多少字，还必须深刻，愁得想撞墙。“卧谈会”时李康脑洞大开：“要不，咱们编本《检讨大全》吧，收录各种各样应付不同需求的检讨，肯定抢手！咱就都发财啦，哈哈……”我们跟着叫好。

另一个晚上，李康痛诉了幼年遭受父母“联手迫害”的经历。在四五岁时，她就被父母逼着学游泳。她力气小又害怕，苦苦哀求，父母非但不为所动，还分别站在两端，将她抛进水里！小李康见哭闹没用，只有奋力向前——好不容易游到另一边，等待她的不是怀抱，而是继续被扔下水……“我都怀疑他们是不是我亲爸亲妈！简直是‘惨无人道’啊！”李康在诉苦，室友们却笑着听。

人活在世上，没有白走的路，也没有白受的苦！这些都会融入血脉，重塑自我。从小接受各种严格的练习，李康眼界开阔，多才多艺，身体素质和心理素质都非常强大，遇到挑战勇于担当。没困难要上，有困难也要上！

记得有一次学校组织春游，去30千米外的长寿山。大部队都坐汽车去，李康和我们宿舍的“假小子”杨静约了两位男同学，骑自行车往返。他们两小时骑到目的地，继续爬山，在风景秀丽且险峻的后山玩了个痛快。后来呢？李康和杨静先于两位男生骑回了学校，那俩哥们儿骑不动了，被两位“女侠”甩了几十条街！

我上学时容易得支气管感染和轻度肺气肿，一闹病就折腾好多天，且没胃口。有一天李康带我从校医务室回来，眼珠一转：“你想吃榨菜吗？快叫声大姐，我去买!”这丫头比我小两岁呢。切，要挟俺？俺岂肯“为五斗米折腰”？她逗了两分钟，见我宁折不弯，穿上大衣去买了开胃的食品……

青葱岁月美好，但短暂。转眼就到毕业季，同学们各奔前程。

李康分到银行工作，几年后结婚、生女。她很能干，家庭料理得井井有条，学习上不断精进，自考完成了大学学业，又进修英语，还以全省中行系统第一名的成绩考取了国际理财师。她的事业蒸蒸日上，而我因肌病发展行动日渐艰难，下岗，蜗居在家。李康很忙，但不时打电话问我的情况，并抽空来探望。

2000 年冬天，我母亲因乳腺肿瘤去北京诊治，手术期间父亲也赶去陪护。那次母亲住院 40 多天，我心里惦念却无能为力。李康嘱咐我照顾好自己。她几次利用中午时间赶来帮我洗澡。当水从花洒喷出，她总是先用手背测水温，等水温适合了，才淋在我身上，如同我是娇嫩的婴儿。搓澡时反复问：“不疼吧？要不我再轻点儿?”她用手背试水温的细节，我终生难忘，比我妈还细心。

时过境迁，不少同学联系渐疏。在我们毕业 10 周年之际，李康牵头，组织了市、县区同学的聚会。几十位老同学欢聚一堂。李康忙前忙后地四处张罗，笑着为大家拍照……我注意到她几乎没吃什么东西，脸色苍白。事后才知她刚做完阑尾手术后不久，有粘连，是忍痛打起精神在扛。

不觉中我们都已人到中年。我一直与父母生活在一起，2004 年开始靠轮椅代步。那些冬天，李康来家看我，送上暖手宝和红袜子。接通电源，暖流从双手传到心底。我计划去外地旅行，但心里没底，犹疑着。李康鼓励我勇敢些，没有等来的辉煌，只有拼来的精彩。努力了才不会后悔。过了两天，她又来了，送上两件新衣服，还准备了几件小礼物。“你出去买东西不方便，看把这些礼物送你的网友可以吗？不合适的话我帮你换去。”我傻傻地望着她，不知道说什么好。给钱，她不肯收，只说不贵，就匆匆地赶去上班了。

后来，她做了客户经理，再升级为行长，责任更大了，要应对各种复杂的情况。上有老，下有小，父母和爱人身体不太好，李康的工作、生活压力都很大，顶不住时也会默默流泪。我知她疲累，偶尔听她说起，心中阵阵暗疼。每个看似光鲜的背后，都有不为人知的艰辛和煎熬。真正的强者，不是没有眼泪的人，而是含着眼泪奔跑的人，是站起来的次数永远比跌倒的次数多一次的人。

正是那个当年痛诉遭父母“迫害”的李康，在父亲患了脑血栓、心脏病及骨折时，奔忙联系，尽心地侍奉在床前。

早年父母逼她成才，她却对女儿的培养本着顺其自然的态度，认为成长中身心健康更重要。有次她风趣地说：“不少家长给孩子报了各种兴趣班，有的孩子没学会啥，搞得家长们琴棋书画样样通了！孩子学音乐也不是非要过多少级，当什么家，多个爱好和情趣就不错。”她的女儿似是随了她的性子，生活、学习上从不让家长操心，成绩优异，大学毕业后选择读研继续深造。

李康的家庭、事业都需她劳心劳力，我俩平时见面也不算多。但每次知道我遇危急，她总会赶到我的身边，提供帮助。

10年前，我家打算买电梯房，但钱不够，也不具备贷款条件，便跟亲戚借了一些。李康闻讯，主动说：“先看房子吧，需要时，我帮你凑几万，不着急，什么时候手头宽松再还……”我老爸做人工髋关节置换手术，她也帮忙联系医院，借钱给我周转。

2012年，《飞翔的蜗牛》首次出版，李康由衷地为我高兴。她百忙中抽出不少精力，帮着张罗、联系在图书广场的签售事宜，还发动老同学来捧场支持。

她内心强大，也柔软善良。几年前，她跟我加入秦皇岛爱心墙，还带动了许多银行同事一起扶贫帮困。我只是拾取了我们交往的片断做些记录，我相信她还帮助过许多人。

李康对我说过很多话，最令我感动的是我妈住院时，她轻声安慰："别担心，有我呢!"只几个字，或许她自己都不记得了，但这恰恰是朋友间最温暖、最让人踏实的一句话，更难得的是言行如一，真正把人放心上。

同学有很多种，有一种同学，叫作李康!

我的超人女友

称阿冰为"超人"，并非我首创，因为搞错这家伙的性别、年龄、职业的大有人在。

"超人？那俺是不是也要把红裤衩穿在长裤外面呀?!哈哈哈哈哈。"阿冰笑得很张扬，两排小白牙闪着光。

这个女人不寻常

"泡泡，我已上了火车，两小时后到北戴河!"2008 年 10 月的一天，阿冰发来短信。因我用过"泡菜"这网名，她喜欢叫我"泡泡"。

"好的，俺马上去通知全村的鸡——黄鼠狼要来了！无论公母老少，全部火速转移!"阿冰超级爱吃鸡，堪称黄鼠狼转世！北京的炸酱面齁得她够戗,"黄鼠狼"声称为了换换口味，吃到我们村的笨鸡，从前天起就开始节食了。来者不善啊!

“到了，快把转移的鸡都给我召回来!”动车真快，不知那些鸡藏好没有，自求多福吧。

阿冰进门，红色外套，牛仔裤，依然超短的头发——她女儿宣宣曾说:“除了秃顶，大概没有比老妈头发更短的了!”阿冰经常被误认为小伙子，她很高兴小朋友喊她“叔叔”——叫“哥哥”就更得意了！其实，阿冰彼时已40多岁，女儿都上高中了。

她家远在深圳，我们相识的7年里，这是我俩在现实生活中第5次相见，也是缘分不浅。纳兰性德那句“人生若只如初见”常被人引用，以抒发初见的美好，但对阿冰这种人，即使见100次，我每次仍有新发现。

她点燃一支烟，打开了话匣子。先把某哥们儿挖苦了一番，学他动大手术前紧张抽烟的样子。“简直抖得像‘隔壁吴老二’!”阿冰嘴上不饶人，却是资深义工，帮助过许多人，尤其是残障朋友。我喜欢听阿冰讲话，犀利、风趣、诙谐，加上夸张的肢体语言和表情，比看话剧还过瘾。

我与阿冰是2001年在“黑夜日出”网站相识的，我很快便被她迷倒。她是个阅历丰富又博学多才的女人，口才一流，文章写得也漂亮。她是百变魔女，在论坛中神出鬼没，居然拥有几十套“马甲”，文风、性别、年龄、职业等变来变去。她的小说和散文唯美、忧郁，赚了我不少眼泪；与人理论时，她的思路又严谨明晰，头头是道；至于搞怪，超人更有超常的天分。

她唱功也厉害，在聊天室里，美声、民族、通俗、戏曲，学啥像啥。到我家，她与我妈表演《沙家浜》中的《智斗》一场，阿冰一人反串胡传魁和刁德一两角，神情做派如老戏骨一般。她叼着烟卷，唱道:“这个女人不寻常!”其实，她才是个不寻常的女人。

阿冰个性强，认准的事八匹马也拉不回来。攀岩、骑马，发着烧愣敢独自攀登险峻的司马台野长城！她在“望京楼”悬崖边喘着粗气得意地打电话给我，报告登顶，转天就传来玩命的后果：肺“漏”了，患了气胸！你看她意气风发，那么彪悍，难以想象她竟有一身的病，癌症化疗时生不如死，挺过来照样嘻嘻哈哈。

熟悉法律、心理学，开专栏，可以给一群人上大课，成熟理性是她，长不大的孩子也是她！

幼儿园大班的“史努比”

阿冰是个天生的孩子王，早年从事过幼教工作。她经常眉飞色舞或蹦蹦跳跳的，像只轻盈的小鹿，每个毛孔都透着天真可爱。仗着学过体操的童子功，四十几岁的她给小孩们表演用脚摸自己的脸，搞得大家一片惊呼。宣宣提醒：“老妈，一把年纪了，小心些！”阿冰却调皮道：“我哪里老？过了年才18岁嘛！”

她个子不高，长相年轻，还擅长扮嫩，常自称是幼儿园大班的班长。她几年前给北京《成长》杂志社撰稿，也带宣宣参加杂志社组织的冬令营和夏令营。

当时，宣宣小大人一样成熟智慧，阿冰则颇似顽童，与小朋友们一起游戏，寓教于乐。阿冰很受欢迎，被选为小队辅导员。因无法在短时间内记住队里所有人的名字，她眼珠一转，要求每个孩子给自己起一个可爱的代号，于是便有了“憨豆”“皮卡丘”“kitty”……而她呢，盗用了小狗“史努比”的名字。每次听到有孩子喊“史努比”，她总是屁颠儿屁颠儿地跑过去，用明显装嫩的表情和声音大声喊着：“谁在叫我呀？”

阿冰好客，家中客人不断，上至99，下至才会走，都能与她成为好朋友！我去深圳时就碰到几位小学生在她家做完作业后，享受她做的美食。阿冰厨艺不错，有的小朋友在自家严重挑食，到阿冰这里却吃了一碗又一碗，让家长都惊奇。阿冰笑称自己是优秀"饲养员"，可以把猴子养成猪，不过她自己一点儿都不胖，八九十斤的样子。

有几个小学生放学后去她家做功课，遇到难题，阿冰便启发讲解。孩子们在她这吃过晚饭后玩一会儿，家长才接走。她不怕麻烦，轻描淡写地说"添双筷子而已啦!"可实际上，她有时会托管七八个小朋友。阿冰不收费，还要搭钱，却乐在其中。当然，家长们也会用其他方式对她表示感谢。

让调皮捣蛋的孩子学会自我管理，保护他们的创造力，阿冰颇有一套，这里不展开描述了。

前半生不惧，后半生不悔

阿冰在中华残疾人服务网站做了多年"知心姐姐"，义务解答残友们五花八门的咨询。她鼓励众多残障朋友战胜恐惧与自卑，大胆追梦，去寻求自由与独立。

曾胆小的我能走到更多地方，勇敢尝试新事物，实现蜕变，也跟她当初的鼓舞密切相关。

上网后，我绝大部分精力用于残疾人网站的管理，从建设"黑夜日出"到创办"精彩同行"，忙个不停。可自己的肌病也加速发展，身体越来越弱，常年蜗居在家。

2004 年初冬，阿冰刚搬进带电梯的新房，便热情地邀请我去深圳。可行动艰难的我平时连出家门都打怵，更不要说到那么远的异地去了。

明明有渴望，一想到数不清的困难和要给别人添许多麻烦，自己总下不了决心。阿冰叫我不要害怕和设想那么多障碍，做好准备，遇到困难想办法解决嘛。"泡菜，人生充满无常，趁还能动，你出来走走看看，少给自己留些遗憾！努力尝试，哪怕失败了，也好过啥也不做的后悔！”

我终于鼓足勇气，在老妈的陪伴下，动身“南巡”！11 月底，我平生第一次坐飞机，来到了深圳。

阿冰把主卧让给我和老妈，自己和先生去睡小屋的榻榻米。她家有许多书，还见她不时签收快递送来的新书。她买来书并非为装门面，而是真心喜欢去读、去悟、去用。

同是冬天，深圳绿树繁茂，鲜花盛开，人们的精神面貌也不同。在家一冬能猫几个月不下楼的我，在这里，几乎每天都在外面“疯”，从五官到心灵都打开了，不仅眼界大开，也找回了自己。阿冰尽量陪着我们，她妙趣横生的解读，胜过出色的职业导游。

突破障碍，我面前呈现出一个崭新的世界！人生就是一次充满未知的旅行，很多事情就像旅行一样，当你作出决定并迈出第一步的时候，最困难的那部分其实就已经解决了！

半个月飞快过去，临别时，阿冰送我上车。“泡泡，照顾好自己，以后再来玩。不要太想我，千万别哭哈！”我原本好好的，被她一逗，眼泪一直流到进机场。我知道她身体不好，除带癌生存外，心、肝、胃、肾、血液都有毛病，我亲眼见她摔倒过两次……但她依然笑容灿烂，痛苦时总背着他人，独自一人挺过一关又一关。

旅行是一种病，一旦“感染”了，你就再也无法摆脱出发的诱惑，它虽然只是生活的一部分，可也如推倒的多米诺骨牌一样，会触发一系列改变。从深圳归来，我明显变勇敢了，不再畏惧那么多困难，敢于出门和回归社会。在人生关键的节点，遇高人指点，陪伴一程，我是如此幸运！

阿冰曾两次来秦皇岛看我，听说俺进村居住了，想来看看变成村姑的"泡泡"过得怎么样。她吃完鸡又啃新鲜的玉米——这"黄鼠狼"又把我妈炖的一只鸡，一个人干掉大半！

阿冰推着我在村里闲逛，古槐留芳、长廊清幽，绿树成荫、鲜花掩映，小河边垂钓者悠然自得，村民中心每晚都有数十人伴着音乐翩翩起舞，内中不乏国标高手……"泡泡，你们这过的简直是'恶霸地主'一样的生活嘛！谁把俺拐卖到这里，俺肯定不逃跑，就在这当媳妇了！"我们听了都大笑。

我老爸创作了一幅《戴河新村》图，画中荟萃了村里众多特色景致，仅形神各异的人物就有50多位！阿冰不吝溢美之词称赞了一通，恭维老爷子这画堪称小《清明上河图》。随后，她将此画的数码照片转发其他网友，一再嘱咐对方放大、放大、再放大……朋友纳闷再放大就看不清楚了，阿冰抛个小媚眼："放到足够大了吧？喂，看到画上的图章没？那是俺刻的！"

"刺儿头"业主与无冕"工会主席"

"泡泡，你下回再来我家就方便了！门口修了坡道，不需要再靠保安抬轮椅了！"阿冰在网络那头报喜。2004年冬我去她家，因楼前有几级台阶，每到跟前都要麻烦两位保安抬上抬下。豪华小区，无障碍建设却不达标！

阿冰不时接待一些肢残的朋友，便要求物业管理处在楼梯侧面加坡道。物业不肯，她据理力争：有了坡道还能帮到行动不便的老人，以及满足推婴儿车等需要。物业总算答应了。用鹅卵石铺了坡道，好看但不平，改！换成较平滑的，阿冰推一位老人检验，发现转弯时因坡面倾斜轮椅容易偏向一边，有侧翻的危险，又要求加装护栏！仅此一处，她争取数回，管理处投入了不少银子，她这位难缠的业主才满意了。

她住的小区保安24小时执勤。她察觉到晚上某个时段保安普遍容易打盹儿，经仔细了解，是由于保安人手欠缺、排班不合理——下了夜班休息不了多久就要转下午班，晚上难免困倦。她向管理处反映，公司只得扩招了四五名保安，又增加一笔开支！

别看阿冰近视700度，保安们时有挠痒动作却没逃过她的眼睛。"超人"介入，查清保安们睡的床板有寄生虫。于是提请管理处替换质量好的床板。深圳湿热，保安房间通风不好，阿冰又督促管理处给他们安装空调和洗衣烘干一体机，并要求将坏的热水器修好。

见到保安们的制服容易起皱、不合身，阿冰又提了意见。管理处辩称已要求保安及时熨烫衣裤，阿冰反问：有多少单身男人会熨衣服的？应该选抗皱布料，并且量体裁衣，而不是只有大、中、小3个号备选……

管理方碰到这么一位精于法律、"多管闲事"又能言善辩的业主，只好不断改进。

中秋节，公司给每位保安发了3盒月饼，可外地来打工的保安吃不了，便成了甜蜜的负担。阿冰又去管理处建议："每盒月饼大概70元，保安单身的，吃不了那么多，寄回家又划不来，造成浪费。不如每人发一盒月饼，再给100元钱，双方皆大欢喜！"

保安见阿冰屡次为他们这些底层的员工争取权益，都很感谢这个说话像机关枪一样的女人，争着喊她"工会主席"！

关于超人女友阿冰的故事，写了几千字，但仅是冰山一角。这社会有很多人变得冷漠，如果多些阿冰这样的人，会怎样呢？

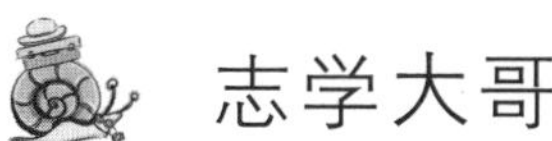

志学大哥

志学大哥本姓刘，生于1965年，河南封丘人士，网名"老枪"，做过记者、编辑，系小小说名家，擅写报告文学，任卫生部专业期刊的副总编，还兼任过中国微小说与微电影创作联盟执行副主席……

他搞出名堂的头衔还有几大串儿。俺从不轻易崇拜谁，却甘愿当“枪粉”，幸亏他没起个什么老山炮的笔名，那样俺就成“炮灰”啦！像俺这样的无名小辈，本应尊称他为刘老师，可因缘际会，没有架子的志学兄认俺作了小妹。

论起来，我们相识有近20年了。虽只见过一面，我却深感遇见这样的良师益友，是我一生的幸运。

多年前，我在《知音》杂志上读到了《生命的爱过，凄美的“琥珀奇缘”营养不良》，几度飙泪。故事中的男主人公“柠檬”是我通过网络结识的第一位病友，而作者就是刘志学。

几年后，我去“中国特稿”论坛学习，一篇小文被身为总坛主的他“加精”，赞我写得生动风趣，并让我代他转达他对病友们的敬意。他的报告文学催人泪下，小说构思精妙，就连回帖灌水也妙语连珠。得到前辈的表扬，我兴奋了一阵子。

2008年，我写了盲人朋友袁通两次徒步入藏的故事。投稿失败，冒昧地通过新浪博客向大咖志学请教。收到我的“纸条”，他留言：“承蒙小妹信任，俺愿意拜读……”

没过几天收到他的邮件，肯定了我的文字功底和思想修养，对文中的不足提出了分析和指导。信末，是这样一段文字：“如上意见，不知道是否妥当。向你和袁通先生致敬！祝快乐永远！刘志学敬复。”

发信的时间是凌晨。后来我才知道，当时他正在没日没夜地创作一部长篇纪实文学，每天须完成一万多字。他自己忙得焦头烂额时，还能对一个素昧平生的小女子悉心指点，认真和谦逊若此，让我知道了什么是真正的名士胸襟！

他真诚地表示："一直很敬重你们这个特殊的群体，因为在你们身上，我看到了朝拜生命的坚韧和顽强，激励着我不敢在有限的生命里虚度光阴。尤其是你乐观豁达的生活态度，时常让我感到汗颜……"

2009 年冬，我熟识的小病友谭露露病逝，年仅 15 岁。露露坚强勇敢又有爱心，她的母亲亦堪称伟大。我写下《生亦漂亮，死亦漂亮——天使女儿与阳光妈妈的生死约定》，再次向志学大哥请教。他看后打来长途电话，跟我聊了半个小时。他说看得出来，我和这对母女感情很深，想把自己知道的故事都写出来，但在材料组织上有些散——对母女分别着了很多笔墨，显得重点不集中，最抓人的细节描写有欠缺……志学大哥后来把我的修改稿推荐给《知音》的一位编辑。虽未能过终审，我依然心里暖暖的，且燃起了通过写作改变命运的希望。

2010 年春，我和父母踏上"万里长征"。志学大哥留言："很钦佩你——为你这种把生命融入社会、亲近自然的美好心态！如果你 5 月 2 日能够到京，一定跟我联系。我如果没出差，一定抽时间去看你。愿你旅途平安顺利，快乐幸福！"他连用了两个"一定"。

可惜我和爸妈抵达北京时，志学大哥回河南老家了。

旅行归来，我埋头写游记，耗时一年。志学大哥又赞："出门一趟，居然写了二十余万言，浏览了几篇，都很精彩。好羡慕妹子有这么多时间做自己喜欢的事……"

我清楚自己生命很有限，几年间已失去了数十位病友，平均年龄仅为二十几岁！我活着，有什么理由不去珍惜和努力呢？我陆续写下了很多病友的故事。

2012 年，闻听我的文集即将出版，志学大哥欣然祝贺。初稿完成，我请大哥作序。彼时他即将赴安徽黄山开会学习，便将我的书稿打印出来，背着那厚厚的一摞，踏上了旅程。

由于在地铁上看稿坐过了站，接着又跑错了火车站，他耽误了一天的行期。他背着我的书稿从北京看到合肥，又看到黄山，甚至当软卧车厢的灯已经熄了，他还抱着书稿，溜到两节车厢的接头处，站立在那里，通宵不眠……

他是一位从业近20年的老编辑，阅稿无数，我这文集中的不少文字他以前就看过。以他每天创作一万多字的快笔，为我写个千余字的序言，本应是小菜一碟，他何以费这么大劲儿并"忘乎所以"呢？

原来，志学大哥为了让第一次出书的我少留遗憾，边看边用红笔做标记，从文字到标点，暗中帮我校对了一遍，然后快递给我。随书稿寄来的，还有大小、笔毫软硬不同的6支毛笔。他擅长书法，知我老爸也喜欢学习书画，特意从徽墨宣纸湖笔的集散地黄山某专卖店选购了毛笔，送给老爷子……

2013年5月，我应邀到北京参加罕见病真人图书活动，走进了北大校园。期间我看望在京的长辈、去304医院慰问和鼓励烧伤男童、与叶咏梅老师相见。通过网络神交的"驴友"们带我感受长城，又赶到农大欢聚，给我系上红领巾，还颁发了"相见恨晚"奖状……

我通过博客更新着"京城纪事"，志学大哥那几天正忙着办公室搬迁，看到相关文章，直感叹我那帮好朋友太让他感动了！

性情中人，内心总是更加柔软。

"俺抽空去看妹子，等着看你咋涮俺呢！"他嘿嘿一笑。

"哦，卖糕的！俺怎么敢涮您呐？就您那'老枪'，打俺这小菜鸟，闭着眼，都一打一个准儿！这点自知之明俺还是有滴！"我也笑着答。

2013 年 5 月 24 日 12 点 45 分，我终于和神交已久的志学大哥在宾馆见面了！因堵车，他又换乘地铁。他进门直言抱歉迟到了，我却心疼大哥跑得一脑门子都是汗。

平头，一身随意的休闲装。志学大哥参与两会采访报道过许多代表、专家、院士，可在他身上看不出任何知名作家、资深传媒人的架势。“俺冇（没有）你在文章中说得那么好，也就掉到人堆里都捡不出来的一名进城混饭吃的民工。”他调侃道，眼里、嘴角盈着笑意。

志学大哥是位“草根”，半生中经历过太多苦难，对生活中底层的人们有着深刻的理解、同情与尊重。因为懂得，所以慈悲。路见不平时，他敢于挺身而出，为“草根”们对抗强权，为弱势的农民工讨公道，化作一支给力的老枪！

而此时，他对我亲如兄长。除了大红樱桃，他还带了件特别的礼物：卡通玩偶“果冻靓仔”，肚子里装满了各式果冻！原来，因我是“渐冻人”，搞些果冻装在那个颇具喜感的玩偶中，意指虽体内被“冻”，但冻不住梦想，祝福我像卡通“果冻靓仔”一样，天天快乐。

虽是初见，志学大哥没把我们一家当外人，说了不少掏心窝子的话。

他赞叹着我父母的不易。他也是当父亲的，多年前因超生一孩，妻子丢掉了公职，养活一家大小的担子压在志学大哥肩上。他先后做过二十几行，遍尝艰辛。后来凭借过人的才华与勤奋，靠笔杆子闯出一片天，著书多部，并在国内外报刊上发表数百万字。年近不惑进京，成为“北漂”一族。

午餐本该由我们来请，大哥却坚持做东。他对我未来的路该如何走又给了些很好的建议。由于下午要主持杂志社活动，大哥与我握手告别。两个小时的相会，那么匆匆。

见面时我表达的远没有内心翻腾的多。我竟没当面好好向大哥道谢。总觉得一个“谢”字，太轻，太轻。

每个人来到这世上都是种偶然，红尘中与各色人擦肩。得遇这样的大哥，我何其有幸！

志学大哥送了我几本他的著作。人要读读“三本书”：有字之书、无字之书和心灵之书。

很惭愧自己笔拙，未能把大哥的风采写出万一。我愿用余生继续去解读大哥这本厚重的“书”，常读常新。想起蔡琴唱的那首歌：“读你千遍也不厌倦……”

生命与爱的故事

2001年秋，我搜索进行性肌营养不良症的信息，找到一个叫“阳光E点”的个人网站。站长“甜心柠檬”成了我通过网络结识的第一位病友。他真名叫邓宁，是河南濮阳人。

邓宁是位英俊又浪漫的小伙，灿烂的笑容似乎能融化冰川。聊起来我发现，我俩不仅患有同一种绝症，彼此还有更多的共同点，比如乐观、幽默，比如初涉网络的时间，更巧的是，他小时候曾来过我生活的小城，我俩先后被同一位医生治疗过！我们很快成了好朋友。

邓宁比我小两岁，所患的病更为严重——进行性假肥大性肌营养不良（DMD）。患者通常5岁左右发病，十几岁瘫痪，到后期心肌和呼吸肌衰竭，很多活不过20岁！

邓宁从5岁起就容易摔跤，常摔得鼻青脸肿。由于腰胯部的肌肉最先失力，他小学时走路摇摇摆摆像只企鹅。邓宁很聪明，成绩总是全年级前几名，年年被评为“三好”学生！随着疾病发展，他走不动了，小学毕业后只好在家自学。尽管一直在积极锻炼和治疗，可疾病还是夺去了他四肢绝大部分的运动能力。

他喜欢丹尼的一句话：“我就是那么阳光地去对待生活、善待生命，我不会去多想死亡，我只想多用快乐充实我也许不会很长的生命！”

2002年4月4日，是邓宁28岁生日。他已打破了原来医生说的难以活过20岁的预言。

除了手指暂时还算听话，邓宁对身体几乎完全失去了控制。他说自己像个木偶，全靠别人来支配自己的行动。他已很多年无法站起，现在就连胳膊不小心垂下去，都没法自主端上来。

睡觉对于常人来说是休息，可邓宁因无力翻身，常忍受着肌肉酸痛（他戏称自己身体里“柠檬酸”太丰富），直到痛得厉害才叫醒父亲帮忙侧个身。因心肺功能严重受损，他说话的声音变得孱弱。肌病严重时，一次感冒就可能是致命的，一年多前，病友黄庆就是在一次感冒中再没醒来！

由于腹肌、肠道平滑肌日渐无力，邓宁连最基本的排泄都十分困难，便秘的折磨令他痛苦不堪，隔段日子就需要靠母亲给他灌肠来暂时缓解一下……

当我敲打出这些文字，手都在颤抖，心被刺得很痛、很痛。

邓宁无法站立行走，但一颗心仍在飞翔。他是一位勇敢的战士，从不向残酷的病痛屈服。“纵然走上了一条不断陷落的不归路，我也要像流星一样在清冷黑暗的夜空中划过一道光亮，尽管短暂却足以照亮人们的眼睛，给在黑暗中迷路的人带来希望。”

他自学英语，看过不少文学名著，从小喜欢读书和写作。2000年时，他拥有了自己的电脑，这让他无比兴奋。待开通宽带后，他像是插上了飞翔的翅膀，生活变得多彩起来。

邓宁自学电脑网络知识，做起了自己的网站——“柠檬一点甜”和“阳光 E 点”。他成为濮阳“龙乡话语”论坛文学版的版主，后来又受邀做了另一个文学网站的编辑，收入微薄，却令他兴奋不已。邓宁还计划与病友们筹建“进行性肌营养不良症协会”，让更多人关注和了解这种罕见病，也帮助更多病友树立信心。“串缀起每一颗孤独无力的心，使他们能尽情体验缤纷绚烂的自由生命。”这是邓宁更大的梦想……

他的朋友多了起来。大家喜欢与他交往，并非出于同情，而是被他热爱生命、笑对病痛的精神所感动。

邓宁生性浪漫，谈吐幽默机智——跟他聊天时，我常于说笑间忘了网络那头原本是怎样一个脆弱的生命。偶尔听他透露被病痛折磨、被死亡的阴影追赶时，我就会在屏幕这边偷偷擦去眼泪。

很多残疾人，包括我自己，都不敢奢望爱情，邓宁却与一个女孩演绎了一段至纯至美的旷世痴恋。

女孩也在濮阳，青春靓丽，惹人怜爱，爱好文学。“甜心柠檬”的故事触动了少女最柔软的心弦，两人一见钟情。爱上了“甜心柠檬”，女孩给自己起名为“清心橘子”。尽管邓宁生活完全不能自理，健全的“小橘子”还是与他深深相恋，很快两人便难舍难分。两人写诗唱和、互赠礼物。女孩儿歇班时经常推着轮椅上的“柠檬”出去感受大自然，一起去看郁金香花展，许下爱的誓言。

“小橘子”生日时，“柠檬”亲手为她包饺子。开始包了 23 个，祝“小橘子”23 岁生日快乐。“亲爱的宁，多包一些吧，每多一个就代表“小橘子”多陪你一年。”“小橘子”央求他。然而，“柠檬”

只多包了两个，幽幽地说："两个就足够了。"酸楚的泪水从女孩美丽的大眼睛中涌出："不够，永远也不够……"

分别时，"柠檬"献上自己亲手制作的礼物——一个名为"凝结爱意"的网站，里面的图片、文字，无不写满了两个人的相思与浪漫。他还花 3 周时间折了 365 只彩色的纸鹤，装在盒子中，代表每天为她送上一个祝福。

如此深情，"小橘子"热泪盈眶。夜里，她给"柠檬"发了一封邮件："亲爱的，当我打开小盒子时，无法形容自己的心情，一只只不同颜色的纸鹤，每一只都凝结着你的爱。我能想象出你折纸鹤时的专注，想象出你用你的双手，你用你专注的眼，你用你深情的心……我，我，我语无伦次。亲爱的，你可知我有多感动?! 我拿着它们，坐在小屋里开始流泪。我不知它们让你用去了多少时间，上面每一道折痕，都在我心里留下了深深的印迹……"

两人沉醉在爱河中，然而亲人对各自子女的爱与世俗的偏见却不允许他们在一起生活。"小橘子"的母亲发现女儿不对劲，屡次逼她去相亲。两个年轻人心碎了，常抱头哭在一起。

为了不拖累"小橘子"，"柠檬"忍痛不辞而别，去了石家庄的姑姑家。女孩后来哭倒在电话旁，呼唤亲爱的他归来。

他俩的爱情故事登上了《知音》杂志，感动了许多不相信真爱的人。他们纷纷给"柠檬"和"小橘子"的"凝结爱意"网站留言，支持他们的爱。

"不经意间你的甜蜜捕获了我/从此再也不能分离/亿万年前你我已融为琥珀/注定我们今生还要凝结浪漫/共赴永世约定的琥珀奇缘/我是那只幸福的飞虫/正向浓情蜜意坠落的一点飞去/等待你温柔地将我包容在你的心中……"

这是"柠檬"送给"小橘子"的一首短诗。看着他俩的爱情故事，我几次湿了眼睛。

"柠檬"后来回到家乡，深沉的思念和爱化作了滂沱的泪雨和支撑他活下去的动力。他除了工作，开始拼命地写自传体小说，描述他与病魔20多年的抗争、亲人朋友的关爱，当然还有这段刻骨铭心的爱情……

女孩有一次含着眼泪哽咽道："我要让你躺在我的怀中离去，那个时候我一定不哭，我要留给你最美的笑脸……"我深深为之动容。为什么真爱却注定不能相守？相爱却注定要分离？

柠檬，今天是你28岁的生日。我们相隔甚远，我没有什么能够送给你，就写下这篇好久以来想写却始终不忍下笔的文字吧。

本篇写于2002年4月4日邓宁28岁生日时。2004年春，病友们创办了"精彩同行"网站，不久后又为邓宁张罗30岁生日派对，他感动地说："欢庆最后的生日！"谁知一语成谶，两个月后，他离开了这个给他痛也给他爱的世界。

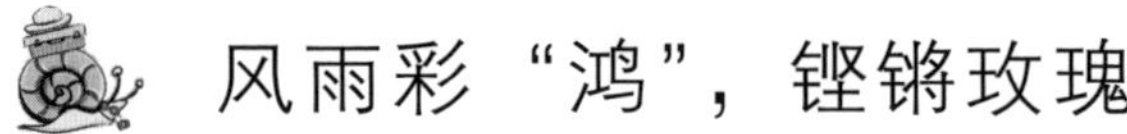

风雨彩"鸿"，铿锵玫瑰

1

指尖在钢琴上飞舞，她带领着几十名学员进行发声练习，然后排练前阵学过的《保卫黄河》。柔和的灯光照在她脸上，这是一张优雅自信又令人愉快的脸，自带光芒。坐在轮椅上的她，声音甜美又不失张力，甚至具备某种魔力。

"停——男低声部呢？呵呵，怎么跟女中声部跑了？注意啊，你们再来一遍！风在吼，啷个啷个啷……”即使指出学员犯错时，她的嘴角依然弯出好看的弧度，那些学员们也都跟着乐呵呵的。

我离开怀柔前，跟鸿来到她任副团长的残疾人合唱团。不觉中就被深深打动了，恨不得也成为其中一员。那些学员也都有着不同的残障，每逢周五，就会一大早从四面八方聚过来。在合唱团学声乐，也在亲如一家的氛围中，化作一个个快乐的音符。

鸿是他们特别爱戴的“宋老师”，也是让我“羡慕嫉妒恨”的闺蜜。唯遗憾相距二百多公里，自己行动艰难，不能常跟她在一起。

我通过“黑夜日出”网站认识鸿应该是在2003年，我们彼此欣赏，但交往并不算多。直到2010年夏天，我们才初次在生活中相拥，立刻被相见恨晚的情愫击中。鸿笑道：“泡泡，如果你是个男人，我一定追你！”听她此言，常如老僧禅定之曲晶，也不禁心跳加快，虚荣了30秒——因为这位才女那么优秀，那么美丽，要甩我几条街呀！

之后几年，离开轮椅都寸步难行的我俩，多次创造机会凑到一起小聚。

我的肌肉力量越来越弱，这些年旅行走过了60多个城市，鸿为我加油打气。她则在活跃与安静间自如切换，参加各种文艺汇演及公益活动、坐在轮椅上与残障姐妹参加旗袍秀，风姿绰约；一个人品茶、看书和弹琴，也怡然自得。

她是个经历过命运一系列暴击都没被打倒的女子，内心强大又柔软善良。我很欣赏和敬佩她全方位的独立，不依附于任何人，有能力、有底气去做自己真正喜欢的事，活成了女神的模样！她虽不再年轻，但心里仿佛住着一个可爱的小孩，真诚、不世故。而真诚，可以打败一切套路。

所谓好友，就是心性相通，未必能常相聚，但互相牵挂、激励和赋能，在人生的路上共同成长。三毛说："朋友中的极品，便如好茶，淡而不涩，清香但不扑鼻，缓缓飘来，似水长流。"

2

鸿，全名宋继鸿，毕业于首都师范大学，学的是音乐教育专业。意外受伤前，她是一名年轻有为的音乐教师，在区里、市里频频获奖。她事业称心，家庭也美满。

2000年7月，她被公派去成都参加全国青年教师教学研讨会，不料路上突遭车祸。经抢救，她从鬼门关捡回一条命，可第11、12椎骨骨折、脱位，外伤严重，造成高位截瘫！

生命中充满无常，有时一个猝不及防的瞬间就改变了一生的命运。

她先后做了3次大手术：第1次，抢救缝合手术，从身体里取出大大小小满满一大把玻璃渣；第2次，椎体内固定手术；第3次，植皮手术，腿上的皮肉像块撕烂的衣服一样被东缝西补……每一次手术都是如地狱般的折磨和痛苦！我在她某篇博文中读到这段经历时，头皮一阵阵发麻。

原本活泼的她在床上躺了4个月，不能动弹，噩梦连连，生不如死……那年她还不到30岁！难道这辈子只能完全靠家人照顾了吗？比肉体上的疼痛更可怕的是精神之绝望，她一把把地掉头发，甚至想撞墙了此残生。能痛快地死去，于她而言简直成了一种挡不住的诱惑。

那一年，她的女儿月月仅有4岁，孩子那么小，怎么能没有母亲呢？鸿的眼泪如断线的珠子。

整整3年，鸿都在深度抑郁中度过，怕出门，怕见人。好在有家人的精心照顾和学校领导的关怀，她挺过了那段痛不欲生的日子。一次自杀没成功后，她下决心振作，面对现实。

第 1 步，开始堪称艰苦卓绝的康复训练。

30 岁，重新学习翻身、起床、穿衣、上卫生间……多少次，汗水伴着泪水打湿了衣衫，鸿咬牙坚持着。不知经历过多少次失败的尝试，当第一次实现了从床到轮椅、从轮椅到马桶的自我转移，她忍不住泪奔——这意味着她终于可以脱离别人的护理，找回失去的尊严了！从轮椅到马桶，只是一小步，却是质的飞跃！

鸿渐渐实现了独立生活，跟自己好好相处，能在轮椅上做许多事：收拾房间、拖地板、洗衣、做饭……她将家里布置得温馨、整洁又充满艺术范儿。2009 年，他们家在阳台上安装了一个升降机，鸿能自己出去买菜、购物，能自己摇着轮椅到几千米外看风景了！她如从牢笼中飞出的鸟儿，快活极了。

随着自理能力的进一步提高，鸿的胆子越发大了，在生命中，有了很多新的“第一次”！比如伤后第一次独自去购物，第一次摇着轮椅远足，受伤 10 年后第一次坐着火车出去旅行……

“这个暑假，俺，被轮椅和楼梯囚困了 10 年的一个人，终于挣脱枷锁，一身是胆，雄赳赳地携女儿去了趟北戴河。真给力！”

她下了火车，雄赳赳地来到一个大地方——北戴河村，于是，我俩有了第一次亲密接触。

她的轮椅被抬上楼，一进门，我想跟美女握手，而鸿早已张开臂膀，给了我一个热情又结实的拥抱！还让女儿从包里取出北京烤鸭、茶叶和几样小食品。

天阴着，下过小雨，鸿却满脸阳光，笑容灿若盛开的玫瑰！忽闪的大眼睛中盈着笑。她化了点淡妆，穿一件红白相间的 T 恤，灰色长裤，运动鞋，披肩的波浪长发。轮椅上的鸿如女神般地存在。

我不由得在心里打了一记响指！想起田震那首《铿锵玫瑰》，将"虹"换成她名中的"鸿"，用作了本文的标题。她经历了风雨的洗礼，"不弃不馁无惧无畏"，不正如同一朵怒放的铿锵玫瑰吗？

一个优雅聪慧且自信活泼的女人，其魅力不仅会吸引男子，也会打动同性。我们一起聊天、唱歌、谈笑，惺惺相惜。

鸿和14岁的女儿在北戴河玩了一周，非常开心。我爸妈陪同她们参观了集发农业生态观光园、"老龙头"及"天下第一关"。鸿还带月月去了野生动物园，坐游轮在海上兜风，好不惬意。

第一次面对大海，鸿心潮澎湃，许多往事随波涛起伏，涌上心头。

回首当年刚坐上轮椅时，她曾畏惧别人同情的目光，经常以泪洗面；如今却能坦然面对一切，并绽放出灿烂的笑容。

很多时候，心若向阳，就能把自己变成一束光。无论逆境还是顺境，在心灵留一个空间，装进豁达与平和，就会拥有更多的喜乐。

3

鸿在脊髓损伤者网站"燕山下"做了近10年管理员，用她的歌声与文字，更用她的坚毅与乐观，鼓舞了一大批伤友。遇到陷入绝境的论坛伙伴，她常带头倡议并参与捐款，送去关爱和温暖。

一个人的意志可以越来越坚强，但心灵应该越来越柔软。

2000年，她的命运转了个弯，堕入绝望的谷底，她挣扎着爬起，走了出来。几年后，她主动终结了无奈的婚姻，更洒脱、阳光和快乐了。

生活像一面镜子，哭与笑都随着你。只要有梦想，一切皆有可能！

鸿在2010年的年终总结中写到，“这一年有很多‘第一次’，不知道今后，还有多少个‘第一次’在等待着我呢——第一次独自出门旅行、第一次独自驾车、第一次蒙面抢劫……蒙面抢劫这事儿，您甭望眼欲穿了，我看没有发展前景。”

这姐们儿在博客上幽默了一下不要紧，我扑哧一乐，一口茶喷出。嗨！你这家伙，赔我的屏幕！

2011年深秋，鸿看了我写的《梦游记》系列，受到启发，也来了一次说走就走的旅行，和父母一起飞至三亚。转年，高位截瘫的她考取了残疾人专用驾照，买了改装手动驾驶装置的小轿车。

学会开车，小楼更囚不住她了。这妮子不时跑出去，与朋友聚会啦，郊游啦，吃大餐啦，还从北京自驾到秦皇岛、承德、包头和呼伦贝尔……

她在怀柔区残疾人合唱团当副团长及独唱演员，经常去参加活动和义演。她还在某艺术中心任声乐老师，还辅导一些孩子学钢琴。工作带来的不仅是收入，还有更多的自信与自由。

柴米油盐酱醋茶不愁，琴棋书画诗酒花为伴，这样的生命怎会不丰盈？简直是令人艳羡的活色生香！

鸿参加全球华人文艺展演，热心公益，几年里，轮椅的印迹几乎布满了怀柔的各社区乡镇。她被评为“怀柔榜样”和“北京市自强模范”。个人事迹选录入《挚友》杂志和《总有天使为你而来》一书，并荣登2018年首期《挚友》杂志封面人物。

受伤18年，鸿自称最大的成功是将女儿抚养成人，月月现已大学毕业参加工作了。其实，我觉得老伙计最大的成功是挣脱命运的枷锁，活得越来越精彩！

后来，她在市区换了套电梯房，因向往自在的生活，又在山水如画的怀柔乡间建起一座休闲别院。不上课的日子，她在小院品茗、弹琴、唱歌、看书，于乡间漫步，把生命“浪费”在美好的事物上。

金秋十月，我和云姐去她的小院住了几天，活脱脱一个世外桃源。我们一起喝茶、聊天、吃美食，大笑起来像孩子。到鸿的妈妈家，也很开心。真想时光就这样停止呀！

鸿发表过很多文章，对于很多人梦寐以求的幸福，她是这样理解的——“幸福的概念很抽象，也可以很具体，它完全取决于你心灵的感觉。只要我们的心足够澄澈、足够纤细，总能开启清明的心灵之窗，承接到幸福赐予的光亮；捕捉着这些光亮，于欣喜与感恩中，把它们的碎片像珍珠一样细细串起来安放于心中，然后带着这样的‘底气’，去正视命运、解悟人生，想必没有什么困难可以将其击垮，最平凡普通的日子也能活出苦中有甜、泪中有笑的滋味来。我追求这样一种高贵的幸福。”

 异父异母的“亲姐”

1

佛说：“前生五百次回眸，换得今生一次的擦肩。今生的一次邂逅，孕育着前世太多甜蜜或痛苦的回忆。”

那么，料想前生我俩没干别的，光回眸了！

四肢无力的我，常调侃自己是“君子动口不动手”；而翠云姐总是做得多，说得少：做了再说或做了也不说。比如，把一大摞钱悄悄塞在我枕头底下，硌得我一夜没睡好……

万万没想到，在我俩相识一周年的日子，竟会接到她一封“情书”！没有华丽的语言，但字字句句在我心底荡出圈圈涟漪，直至从眼睛冒出潮气。

亲爱的小蜗牛：

打开电脑，思绪万千，一年的时间里，我俩从相识到相知，情同姐妹。回想一起度过的美好时光，一幕幕又浮现在我的脑海里。

先是喜欢你的书，朴实无华，感人至深，风趣幽默，又催人泪下，确是一本厚重大作。

后来又喜欢上了你，虽然没有笑容，但每次吐出的一句句真言都让我开心无比。和你在一起，我忘记烦恼，收获了快乐。

还记得即将离开成都的那一晚，你说父母老了，你把每次旅行都当成最后一次。说得那么悲壮，黑暗中，我流泪了，我希望你每一天都健康，每一刻都快乐，好好地陪伴在我们身边，继续追梦、圆梦。

你感动我的地方太多太多，可最打动我的是你的坚强。亲爱的小蜗牛，我们就要短暂分别了，跟着我的图片去旅行吧！

2

有些缘分是冥冥中注定的——公益，让我和翠云姐走到一起。

2014 年 1 月，我加入秦皇岛爱心车队。队友们助力我出行，我也常和他们一起参加扶贫济困活动，并担起宣传工作，编辑图文报道，传递正能量。

这年“五一”，我们到秦皇求仙入海处支持张秀霞妈妈的爱心罐头义卖，然后看海。

在一辆自制小铁车上，躺着一个年近六旬、身量很小的男人。他叫张金生，患有成骨不全症，极易骨折，曾有 10 年没下过楼。2

月末，他受邀去北京参加罕见病摄影展，却禁不起颠簸，是爱心车队安排接送站，他才进京圆了梦。

金生大哥旁边，跟着弟弟张立秋及弟妹铉翠云。翠云姐生得标致且面善，合影时却刻意躲着镜头。近在咫尺，我跟她并没说几句话。

两天后车队组织游植物园并拾垃圾，我与这家人重逢。受到感染的翠云姐成了爱心车队的一员。她经常向困难群体捐款捐物，参加活动抢着干活，从不嫌脏和累。

我送给金生大哥一本《飞翔的蜗牛》。翠云姐看得又哭又笑，她找到我的博客，把上面的文章包括游记全部仔细看了，而且看了不止一遍！

后果很"严重"，这个网名"乐游"的姐姐就此爱上了不会笑的我！

"曲晶，我被你的坚强和大爱深深感动。你那么艰难，这十几年还帮助了很多人，太了不起了！很高兴你也喜欢旅游，你爸妈都上岁数了，带你出行太不易了。正好我退休了有时间，愿意助你出行圆梦——不管是我去过的还是没去过的地方，你想去，我就陪你！你的费用我来出！"

呃，什么情况？我眼眶一热，但理性让我怀疑这不过是她一时冲动之言。能陪着寸步难行的我风雨兼程行万里路的，除了自己年迈的双亲和同胞兄弟，还没有别人。

可是，我当真遇见了一诺千金的女侠！接下来几年里，翠云姐协助我父亲或母亲，陪伴我，从北京到武汉，再到成都、三亚、海口……

我无力实现轮椅到床及出租车的转移，翠云姐每每将双臂拢成一个圆环，将我箍在其间，抱起、放下。五十几岁的她抱我并不轻松，常流汗，花白的头发在风中飘动，脸也涨得通红。

在成都时，有一天翠云姐抱我上出租车，哎哟了一声，腰扭了！晚上，她才透露自己原来就有腰伤。她退休前是单位幼儿园的厨师，负责每天采买并给 100 多个孩子做饭。这个干活不知惜力的傻女子，患上腰椎间盘突出，膝关节也受损。退休后腰病有所缓解，但过劳时，又会腰疼得几天动不了。

为了助力我圆梦，她隐瞒了这一切，不远万里地照顾我、陪伴我，咬牙坚持着。我感动又心疼，不觉哽咽。

“曲晶，啥也别说！能助你一臂之力，我很快乐；从另一方面说，也是你在带我玩呀！”她见过我诸多亲人和好友，对我的情谊和疼惜，早超越了血缘关系，成为我异父异母的“亲姐”！复旦女教授陈果曾说：“爱就是一路同行，不离不弃，情投意合者是建立了精神链接的精神家族的亲人。”

2015 年冬，翠云姐与老爸陪我到了三亚。有志者，天涯海角也不算远。

那天在椰林边的温泉中，翠云姐拥我入怀。风儿轻轻，我们细语呢喃，有时不说话，听得见彼此的心跳。小松鼠轻盈地向椰树更高处蹿去，慵懒的白云在湛蓝的天空慢慢游走。

一切都美好到不真实。

我闭着眼，感觉到轻轻的一个吻。那一刻，真希望时光就此静止，那该有多幸福！

翠云姐从不会说“生活不仅是眼前的苟且，还有诗和远方”这样的话；她总是以行动鼓励我，趁自己和老爸、老妈还能动，多出去走走看看，少留遗憾。她还多次霸气地替我决定：“曲晶，你必须去！你的费用我来出！”仿佛她是土豪。其实，翠云姐只是普通的退休工人，退休金没几千元，但她愿意为我尽力付出。

如此疼惜我的姐姐，却不止一次被我气哭，因为她要为我出钱，而我拒不接受，没任何商量的余地。还有就是我买了礼物给她，她也会正色警告："最后一次，以后什么也不许给我买！"

我送过的礼物中，翠云姐最珍爱其中的一件。那是我悄悄精选出的她2015年出游的一些照片，我为其配上文字，DIY制作并打印出一本精美的照片书。"曲晶，这是最好的生日礼物，还有你的歌，我百听不厌。"翠云姐表示亲昵的方式，不是拥抱，而是勾起手指，在我脑门上轻轻弹一下。

旅行中，我们留下许多欢笑和故事，也有过眼泪与争执。没有泪的旅途，又岂能终生难忘？都说陪伴是最长情的告白，而吵过却没有散，才会走得更远！

3

"曲晶，今天吃的啥呀？下楼没有？睡得怎么样？"翠云姐来电话总会提出这3个"常委"问题。

她来看我，常带着新鲜水果，或亲自下厨做美食。什么排骨蒸荔浦芋头、鱼丸汤、煎晶鱼、不同风味的水饺、包含十几种材料的枣糕……都不在话下。

每当菜出锅，她总把最好的部分夹到我碗里，甚至强行一口一口喂到我嘴里。"曲晶，多吃！"女侠一边命令，一边笑眯眯地看着我吃。她美丽的大眼睛里满是温柔，如同看着自己的宝贝。

2016年10月，翠云姐多了个大宝——她的孙子。由于忙着照看孙子，她来陪我的时间明显见少。

前阵子，更是许久没来，她家里遇上一系列难事。

我在微信上给她留言，分享好文及有趣的故事逗她开心，而翠云姐的回复却越来越少。我把惦念留在心底，只要她好好的。

“我多想变成一只无忧无虑的小鸟，飞到你身边，陪你，做美食。”3月中旬的一个晚上，有阵子没见的翠云姐发来消息。

我只当她难以分身，笑了下。隔两天忽在爱心车队群看到消息，说要征集代表去医院看望刚做完手术、热心公益的乐游大姐。翠云姐做手术了?！我的心像被什么猛地刺了一下。

前阵子她在我的追问下，曾含糊说起胸背部有些疼痛，血脂偏高，在港口医院输液调理。“问题不大，别惦记，过阵子去看你。等皮皮虾下来了，给你包三鲜馅儿的饺子！”

这怎么做手术了呢？好个你啊，一直瞒着我！

我打电话给姐夫，才知翠云姐得了比较棘手的病：疑似胸腺瘤，又说什么躯体化障碍。

我上网一通查，泪不觉溢出来，一串一串，怎么都止不住，眼前的屏幕变得模糊。

想起她说想化作小鸟飞到我身边陪我，此时方晓背后的深意与无奈。翠云姐是承受着怎样的痛苦和忧虑，故意轻描淡写地发了这样一句话啊！

翠云姐极力反对我去拥挤嘈杂的病房看她。我爸妈做了些吃的送去，她不安到汗湿。不想她着急，我盘算等她出院去她家里探望，姐姐又骗我说出院后一直住在她姐家里。

日子过得好慢！我们终于见了面，她带了新蒸的枣馒头来我家，面色不好，人也瘦了。其实，她出院后并未休养，继续忙家务、看孙子，伺候一家老小。

又是多天后，她才说起术后有天夜里出现危险，一度喘不上气来。她不时忍受着乏力及胸前针扎般的疼痛，难受时，一个人躲在被子里，捂着嘴，压抑地喊叫……

忆起她怕我冻着，又担心我翻身困难，有一次找人连做了3床薄厚不等的被子送来。看到我穿了十多年的毛衣袖口坏了，就去买来轻软的羊绒衫。希望我参加活动时穿漂亮些，默默淘来衣服和鞋子。她克服病痛，一次次带我圆梦出行，像天使守护在我身边。

翠云姐退休后去过不少地方旅游，轻装简行，甚至懒得带相机，转一大圈往往也没留几张影。可她每次带我出去，却甘愿背上单反相机，为我无数次按下快门。

归来后，她会久久地翻看那些照片，不时冒出一句："曲晶，你真好看！"呃，我特意多照了几回镜子，自己这张僵硬的苦面，真的与好看毫不沾边。

《牡丹亭》中有一句："情不知所起，一往而深。"感念上天让我们相遇相知，有些深情早已融入骨子里，成为彼此生命的一部分。

"渐冻小蜗牛"为什么有底气飞翔？因为爱为我插上翅膀！

 公益路上，我有四位神"高徒"

"白龙马，蹄儿朝西/驮着唐三藏跟着仨徒弟/西天取经上大路/一走就是几万里……"

我叫曲晶，谐音取经。罕见病导致重度残疾，举手投足，时时处处要和地球引力这个大 Boss 对抗。生活中何止八十一难？于是，我常拿唐僧激励自己，打趣时高攀着唐长老。唐僧师徒打怪兽升级、修成正果，我却是且战且退，唯不肯举手投降——因为，手也举不起来了！

在下意志比不得唐僧，不过也有他缺乏的某些特质，比如爱管闲事，比如爱说爱笑不着调……人生短短几十载，做个真性情、有爱有趣的人挺好，不是吗？

因热心公益，我结识了不少志趣相投的伙伴——我这没本事的“唐僧”，还幸遇“悟空”“八戒”“沙和尚”“白龙马”等护法。我们一起经历了许多事情，纸短情长，本篇且拾取一些片段，白描下我这四位神“高徒”。

才情横溢胖猴哥

2014 年“五一”劳动节，我随爱心车队参加义卖活动。因缘际会，在求仙入海处公园拾了件宝。什么宝？至尊宝！

那天，身着红马甲帮我推轮椅的志愿者有多位，其中一位见阳光过于灿烂，跑去买了顶遮阳帽送给我。听他网名为“大师兄”，我嘿嘿一笑：“俺叫曲晶，取经的唐僧喊你大师兄，岂不亏了？”这位高情商的兄弟立马作揖：“师父在上，请受徒儿一拜！”原来，在一年前的《飞翔的蜗牛》签售现场，他就记住我了。

活跃在多个公益团队的大师兄，爱骑行，也爱美食，啤酒肚日渐凸起。“俺的外形越来越像二师兄啦！所幸肥而不腻，胖而不虚，给胖子争光了！”这位至尊宝是个超级段子手，在“名为悟空，你胖了”的 QQ 空间，各种花式自黑和搞怪，令众多网友忍俊不禁。他不吝夸奖别人，只磨刀霍霍损自己，皆妙语连珠。

有趣的灵魂谁不喜欢？何况还是才情横溢、胸怀大爱的幽默达人。

我发现了大师兄的天赋，邀他加盟宣传组。这哥们儿出手不凡，每篇公益报道都不负悟空之火眼金睛，总能以独到的视角挖掘材料，文章写得生动风趣又暖心，让人笑着笑着就湿了眼睛。

他是大型国企的中层领导，亦是公益团队的骨干力量。工作繁忙的他常加班和出差，记不得有多少个周末，他放弃休息去扶贫帮困，回来赶写报道、编辑图片到后半夜。连续几年，他担当起策划主持爱心年会的重任。为了表彰有突出贡献的爱心伙伴，他绞尽脑汁，设计温馨有趣的奖项和别具一格的颁奖词。我每每叹服，也就"一肚子花花肠子"的大师兄想得出！他喊我师父，其实在许多方面，包括在写作上，他都是我的老师！

《西游记》中的悟空有金刚不坏之身，我这"大徒弟"呢，看着壮，心脏、血压都不好，腰椎间盘也突出。参加公益活动，他抢着干活，还善于用镜头捕捉精彩的瞬间。抓拍时，这胖猴子跑前跑后，"上蹿下跳"。有次我请他看电影《大圣归来》，不料电梯通不到放映层影院。"师父，小白龙不在，我背你！"那天，他背我爬了很多台阶，汗流浃背。

2015年冬，车队为患罕见心脏病的少年组织义卖，大师兄连续服务了两天。后来才知，他是做腕管炎手术前，从医院溜出来的！伙伴们心疼他，这"猴子"在病床上吊起一只手依然不老实，调侃自己得了神经病，逗大家开心。

有年情人节，他约两个公益姐妹，买了生日蛋糕来看我。我们合唱《滚滚红尘》《闪亮的日子》……挺温馨的场景，这"猴儿"眼珠一转，举起拖把当麦克风耍酷，又扭着水桶腰走猫步，小伙伴们都笑喷了。

我们亦师亦友亦姐弟，甚是投缘。某日，大师兄用《大话西游》的风格，写了一篇《唐僧与孙悟空的"师徒恋"》，文采飞扬，幽默感人。“贫僧”合十，感恩爱心让我们相遇相知，相伴同行，一起快乐做公益。

一眼看不透的八戒

男神胖猴哥是超级活宝，二徒弟“太阳雨”给我最初的印象是，热心肠但木讷。

暑假实习将结束，我的病友“小熊”独自摇轮椅从北京来到秦皇岛。周末，我想带她转转，几位兄弟姐妹闻讯，自告奋勇出人出车。大半天里，我们共游了北戴河鸽子窝、集发观光园、海底世界，大家都很开心。重量级人物太阳雨开越野车载着人和轮椅，抬轮椅时流了不少汗，却没说几句话。

四肢无力的我参加公益活动，团队里不少帅哥司机都接送过。2014年初冬去山海关张妈妈养老院慰问，太阳雨放下滦县那边的工程，打算“接驾”；我却顾虑不知怎么跟他聊天，怕尴尬，所以上了另一位相熟志愿者的车。

后来一起参加的活动多了，发现雨哥做人做事非常细心和稳健，特别考虑受助者的需求和心理感受。他除了开的车贵点儿，为人低调，默默捐款捐物和实地考察，需要时总能出现在关键位置——这太阳雨，是润物无声的及时雨啊！

太阳雨越来越多地开车接送我，一次飘雪时坐上他的“大奔”，顿感一股暖流，原来他早提前加热了坐垫。有一次去山区慰问贫困学子，车队行至崎岖狭窄的山路，众多志愿者纷纷下车，手提、肩扛着慰问品，徒步前进。因我寸步难行，雨哥开着他的“路虎”，一直开到半山腰。下山时路况更险，炎霖兄弟在地面指挥往何方打轮，太阳雨小心但稳稳地倒车下来。旁边就是山谷，我却对他很放心。

渐渐熟识后，我发觉太阳雨并非闷葫芦，而是闷骚！他嗓音低沉，会不动声色地眨巴着小眼编个段子，逗得众人会心一笑。有些发福的他也开始称我为师父，喊胖猴哥大师兄，认了取经团队二师兄这衔儿。

我们成了知己，有阵经常聊天交流。他善于倾听，也会冷静地分析和解决问题。生活中的雨哥是位老板，各方面事务和生意场应酬不少，江湖有险恶，他凭智慧处理得举重若轻。作为公益团队的主要管理者，他以善良柔软的初心去帮助有需要的弱势群体。他虽无大师兄的生花妙笔，但有一副担道义的铁肩。

2016 年春，“生命之歌”网站的几十位残友及陪同者计划来秦皇岛无障碍旅游，我负责联络安排他们的行程。接到重任，我第一时间找雨哥商议。他跟我一起策划，出了很多主意。我请“沙漠鹰”出山，他和大师兄帮忙联络了兄弟姐妹爱心社的负责人“财神”带队加盟。

那次活动，太阳雨不仅是幕后高参，也是冲在前边的先锋。他提前与总指挥鹰哥、志愿者清姐进行细致入微的无障碍考察。外地残友们到来的那几日，他更顾不得打理生意，全身心付出。这一切让我非常感动和踏实。

这世上，有些人不会一见如故，甚至开始可能看走眼；但交往越久，越觉得珍贵。能够遇见，就是一生的福气，三生之幸运。

忠厚沙僧也疯狂

他本来网名叫“祥子”，黑黑瘦瘦的，为人忠厚，吃苦耐劳，助力我行走在公益路上。连你都看出他与《西游记》里的沙和尚有一比哈，他自然成了前两位的“沙师弟”。

不过我这个“三徒弟”可不是只会喊“师父被妖精抓走了”及“大师兄说得对”那种打酱油的口号。他古道热肠，活跃在秦皇岛的多个公益团队，心直口快，还担任着管理职务。这兄弟不怕苦、累、脏，却见不得别人受贫病之苦。听闻有患重疾的人挣扎在生死线上，他有太多不忍和无奈，力所能及时绝不会叹完可怜继续袖手旁观，而是尽管心疼着钱包，仍捐钱捐物尽一份力。

祥子是个在单位做苦力的普通工人，父亲和岳父一年内皆因胃癌做了手术，花了不少钱，妻子打工收入微薄且需自己交养老保险，他们还要供女儿读书……

生活中难免一地鸡毛，祥子却是公益圈公认的好骆驼！他也是有车族，不过他的车比骆驼祥子拉的车强不了多少。在此 7 年前，他咬牙花 9000 元买了辆二手夏利，开着这破车走上了公益道路，帮了好多人。

我没少坐这辆常吱呀乱响的“老爷车”。祥子抱我到副驾驶座位，然后把小轮椅折叠后塞到后排座位上。俺的“坐骑”享受升舱优待，皆因他这车后备箱小到可以忽略，没“屁股”。开车时，祥子紧盯前方，遇有转弯，总要使很大力气跟方向盘较劲儿。我表面淡定，心却跟着一跳一跳的。

他常放弃休息，投入公益。“生命之歌”网站的残友们来秦皇岛旅游那次，我承受着巨大压力。祥子安慰道：“师父，亲姐，别担心，有事招呼一声，兄弟姐妹们都会帮忙的！”

他从来不做口号党，而是一诺千金。残友们从外地来秦皇岛 4 天，祥子一天没落地尽心奉献。第 1 天下夜班就赶到火车站做接站准备；第 2 天，趁休班从早到晚服务；第 3、第 4 天，从单位请假，也不肯缺席。

后来祥子的闺女考上大学去南方了，他松了一口气。最近他打算让服役 13 年的老爷车光荣退休。“等我换新车了，带师父兜风去！”祥子咧开嘴，露出 8 颗牙。

他也是挺诙谐的一个人。有一次我逼他写报道，他边说自己没文化不会写，边闷头洋洋洒洒下笔千言，把我这师父都涮了一顿。公益团队年会时，他被拽上台，即兴和别人一起扭着腰抖着手，跳《小苹果》卖萌。这"沙和尚"，比《西游记》中那个挑着担的被贬卷帘大将有趣多了！

我和几个徒弟，脾气秉性相投。遇见彼此，互相激励和打趣。时光加上人，等于缘分。不是一家人，不进一家门！没毛病！

潇洒自洽白龙马

宝马良驹，千金难求，何况是神马小白龙！他却"自卖"一元，跟我这唐僧订了"终身"！

我与"白龙马"，也是2014年在秦皇岛爱心车队结缘的。因在单位做检验工作，他的网名也是顺手牵来。二十几岁的"检验员"同学，阳光帅气，也很热心、细心，很快成为车队新人的管理者。

他年轻力壮，经常开车接送我参加活动，抱上抱下，乐呵呵地推轮椅。

那年夏天，队友们助力我和重残的张金生大哥去燕塞湖游玩。检验员接上我，把给伙伴们备的一箱纯净水挪到后座。车载音响放着许巍的歌，他边开车边轻声哼唱。到了景区，众多兄弟帮抬轮椅和金生大哥的小铁车，非常辛苦，却洒下一路欢笑。路窄处和台阶多的地方，检验员就俯身背起我，一步步前进。那天，他背着我，累计爬了近300级台阶！汗水在阳光下盈盈闪亮，灿烂的，还有他青春的笑容。

这兄弟太棒了，是不是？他战胜的不仅是疲劳，还有自己的恐高症！为了让我能看到更美的风景，能上游船兜风，他负重攀登，脚步坚定。"曲晶姐，我就是你的腿——有我的地方，你就不再有障碍！”一句话让我差点泪奔，但故意逗他：“嘿嘿，那背我上泰山吧！”“别闹！你又顽皮了！那你耐心等着啊，等我有钱了，给泰山装个电梯……”我这兄弟也很风趣，经常会不经意来一段冷幽默。

后来，检验员又背我走到万里长城入海口真正的顶端——龙头处，背我到了卢龙县纪念抗战英烈的纪念碑前……

很多队友提起检验员，都说他是曲晶姐的“腿儿”，所以你知道他在我们取经团队，缘何是白龙马了吧。他呢，偏开玩笑说自己耳背，是“白聋马”！后来，我们各自忙，他家也发生过一些事，平时见面不算多。但我有需要时，一个电话，他只要抽得开身，哪怕才下夜班，一准儿到。

闲暇时，他喜欢抱着吉他，弹唱那些温柔但能唱进人心的老歌，自洽且自由。就连对罗大佑每首歌都耳熟能详的猴哥，都管检验员叫文艺青年，主持年会时人手不够，就拉小白龙入伙。

小白龙同学颇有灵性，但也有他的“不开窍”。当今社会，太多人都渴望拥有越来越多的财富，拼尽全力去争取。我这兄弟人聪慧，但在事业和赚钱上却没多大追求。他更看重简单平淡中蕴含的幸福，不为世俗名利所绑架。

这短短的一生，我们最终都会失去。鱼与熊掌不可兼得，懂得取舍、内心平和、喜悦丰盈的人，才是真正的智者。

关于取经团队师徒几人暖心有趣的故事，再说三天三夜也说不完。哥儿几位帮我、捧我，喊我师父，其实我从他们每位身上学到的更多。人生就是一场修行，我们一起笑闹，真诚助人，走过闪亮的日子。有时，翻看过往照片，我会默默拜谢老天眷顾，让我的人生如此幸运和美好。

“一番番春秋冬夏，一场场酸甜苦辣。敢问路在何方？路在脚下！”愿时光不老，我们不散。

8 岁孩子扛起一个家，用什么唤回他的童心和笑容

群山连绵，车窗外是古老的长城与烽火台。一树树雪白的梨花，静静地绽放于蓝天下。

第一次到青龙山区，我却没有多少心情赏美景，思绪被一个素未谋面的 8 岁男孩占据。他才上小学一年级，就过早地扛起生活的重担，独自照料瘫痪的父亲和失明的奶奶。逢此绝境，他是如何应对的呢?

他叫冯志友，家住安子岭乡吉利峪村，是秦皇岛爱心车队本次活动要帮扶的对象。

这天是 4 月 13 日，星期天。我早晨 5 点多起床——别人几分钟做完的事，自己因四肢无力，要花费数倍的时间。7 点多，从山海关赶来的强子队长把我抱上他的车，我们到集合地点与其他车友汇合，一起驶往青龙县安子岭乡。

我是 2014 年 1 月加入秦皇岛爱心车队的，克服病痛，与队友们一起扶贫帮困。虽不能每次到现场参加活动，但我可以捐点款，编辑上传公益报道，弘扬正能量。成为文化志愿者，发一份微光，让我的生命更有意义，也结缘了许多温暖善良的兄弟姐妹。

强子来接我和"月色"，有胃病的他连早饭都没顾上吃。他驾头车，一路通过手台指挥和提醒着爱心车队车友们跟上，注意盘山道减速，注意迎面开来的大车……

车队行进了近两小时，穿过一条条隧道。10 点半，我们进入安子岭乡。这里土地贫瘠，不少田地是山坡上开的梯田。青壮年都外出打工了，留守的多是些老弱病残。

驶过一段很窄的村路，来到冯家门口。车友们将满载的爱心物资卸下来，不仅有面、米、油、牛奶、被服等生活用品，还给冯志友小朋友带来了书本、文具、玩具……

衰败的院落里，大概很久没来过这么多人了，而且是一群带着礼物的远方人。

8 岁的冯志友个子小小的，眉清目秀。面对突然涌入的陌生人，他没有感激、兴奋或惶恐的表情，眼神空洞。一位拄着手杖、声音嘶哑的白发老人，不停地感谢着来慰问的好心人。她近乎双目失明，听力也很弱，驼背，如同一棵要干枯的老树。她是冯志友年近八旬的奶奶。

美女“随风”进门不久，就撸起袖子干活，扫地、擦桌子、收拾屋子；志刚顾不上去看一沟之隔的老家亲人，登高帮冯家做起维修；深海大哥本应去参加小侄子的满月宴，却毅然和夫人来深山助困，他捐款捐物，用镜头记录爱心活动；好多队友拿起工具就清扫院子，像是在清扫自家，仔细、认真、卖力……

轮椅上的我被抬着跨过门槛，进入里屋。尽管事先有心理准备，我依然被眼前的赤贫惊呆了！

黄泥的四壁斑驳着霉点，用纸糊的窗户破出一个个窟窿，像不瞑目的眼。我的心随之揪起来，不知在寒风呼啸、飘雪的冬天，零下 20 度时，这老弱病残的一家是怎么熬过来的！

户外春光明媚，屋里却灰暗阴冷。

土炕上，破被子堆在一侧，皮包骨的冯景林蜷缩着。这个 51 岁的男人去年脑出血后瘫痪了，后来又患上严重的胃穿孔，一吃东西就吐，靠喝牛奶维持生命。

他告诉我，因为穷，结婚晚，43 岁才有了儿子，可小志友的妈妈在他7个月大时就离家出走了！过去他种点薄田，也外出打过工，能勉强维持生计。可因病重，不仅花空了微薄的积蓄，还因丧失工作能力，也没有了经济来源，生活难以为继。

我问他参加新农合及低保的情况。他说低保每月80元，勉强过活；住院费用太高，即使报销一半还是住不起，胃痛得厉害时就吃些止疼药挨着……

他说这个家唯一让人欣慰的是他有个懂事的儿子。

8岁，多数孩子还在撒娇贪玩，被家人众星捧月当作宝，小志友已用稚嫩的肩膀扛起他的命运！他每天早晨5点起床，给父亲端屎倒尿，然后生火做饭。给父亲喂完饭，小志友自己匆匆扒拉几口，6点离开家，要走一个小时路到学校。下午放学他顾不上和小伙伴玩，就赶紧往家赶。

"听说你每天给爸爸和奶奶做饭，你会做些什么呀?"我拉着志友的小手问道。

"我什么都会做。"孩子回答，没有委曲乞怜，也没有骄傲自豪，神情中依然是麻木。爱心人士给小志友换上了漂亮的新衣新鞋，也没见他露出欣喜的笑容。

这或许就是渡边淳一书里写到的钝感力。经历了太多挫折和伤痛，变得有些迟钝、木讷。如果太善感，面对这艰辛的生活，恐怕会更绝望。

所谓坚强，很多是无所依靠时无奈的选择。原本柔软的心生出茧，可以不滴血，不那么疼痛。

冯景林难过地说，有时孩子没钱吃午饭就饿着肚子，有时会去姑姑家吃点东西。

看着这个早熟的孩子，我心里一阵酸痛，把随身带的一百多元都塞到志友的小手里："中午饿了，买点吃的吧。"

我呆呆地望着那露风的纸窗，深海和尚昆大哥行动力强，已经开始丈量窗子。可这哪是换一下窗户就能解决的事。小志友的上学问题，冯景林的看病问题，还有奶奶的养老问题，就算车队倾其所有也不能达到一个满意的效果。

根本的解决之道是建立健全社会保障制度及民间慈善组织，让少有所教、老有所养、病有所医，尽量减少因病致贫、因病返贫的情况。

经队友们努力，屋里院里都整洁了许多，但只有这些还远远不够。

倔强的小志友，从此你不再孤单，我们的爱会伴在你身边。我们会努力让社会上更多人伸出援手，帮助懂事而坚强的你和你这个处在困境中的家庭。愿阳光驱散阴霾，照进每一个角落，也照亮你的童年和未来。

亲爱的小孩，什么时候，你能绽放出如梨花般清纯的笑脸？

这是我在2014年春天参加爱心车队扶贫助学活动的一篇公益报道，现略作修订。回望时，我对冯志友当年看似空洞、漠然的眼神，有了更深的理解。

当时，我自知力量有限，但相信世上善良的人多，像歌里唱的：“只要人人都献出一点爱，世界将变成美好的人间。”

能为小志友做些什么呢？

我联系了《秦皇岛晚报》和电视台以前采访过我的记者及编导，讲述了冯志友的遭遇。希望经媒体进一步报道，调动更多社会力量，帮助这个懂事的孩子和他们一家走出困境。

令人欣慰的是，《秦皇岛晚报》和秦皇岛电视台都对冯志友这个坚强的男孩给了重磅报道。《秦皇岛晚报》发了两个整版的报道，秦皇岛电视台也拍了系列新闻。

社会上众多爱心力量关注到青龙小山村中这男孩的命运，一批批人带着关爱和物资走进冯志友家。

爱心车队的深海和尚昆大哥为冯家订制安装了铝合金窗框，装上了明亮的玻璃。

我通过媒体看到一连串激动人心的好消息。

《秦皇岛晚报》副总编辑专程赶到冯景林家里，将10000元"晚报爱心基金"和3300元爱心市民的捐款送到了他的手上。

有关部门按青龙县最高标准给冯景林发放低保，同时每月发给冯志友几百元助学金……

最让我激动的是冯志友获得免费到市里上私立学校的机会！

秦皇岛市某私立中学董事长带老师去看望，征求冯景林的意愿，想把小志友接到他们学校上学，从小学到高中费用全免！学校决定同时给予冯景林经济上的帮助，每个月发1000元生活费，等冯志友进城上学后，这钱转发给冯志友的姑姑，请她帮照顾冯景林和老人。

哇！一部分人的善念、善行，竟然引发这么多好事发生。

有一天，《秦皇岛晚报》上的一则图文报道让我心跳加速，眼睛不觉湿润。照片上，冯志友被接到了市里的新学校，他的脸上洋溢着无比灿烂的笑容！那是一个孩子本就应有的快乐与幸福。

想起李宗盛写的那首《真心英雄》，我为一些平凡的人们深深感动：

"再没有恨也没有了痛/但愿人间处处都有爱的影踪/用我们的歌换你真心笑容/祝福你的人生从此与众不同"

我相信：星星之火，可以燎原。

种下善的火种，调动爱的能量，不仅能照亮困境中的人，也会温暖我们自己。

爱出者爱返，福往者福来。

 珊姐：60 后主播借“奇机”，创造奇迹与“奇绩”

“曲晶，很高兴看到你在视频号上的成长与进步！通过大半年的学习和努力，你的影响力增强了，你的故事也激励了很多人。那关于怎么进一步做好视频号，你能不能给珊姐提一些宝贵的建议呢？”这是我去珊姐直播间连麦时，她笑着鼓励我后提的一个小“要求”。

那天是老学员“回家日”。珊姐请每位上麦的学员都谈谈做视频号的感受，并虚心地让学生们给她提建议。

其实，“珊姐直播 820”在视频号知识分享圈是颇具影响力的头部主播。她创造了单条小视频播放超 2 亿、点赞 850 万、涨粉 35 万的辉煌！虎年的除夕夜，珊姐不看春晚，不打麻将，照常直播，吸引了超过 50 万人进她直播间。

珊姐在视频号深耕 16 个月，直播了 450 多场。她通过视频号分享直播知识实现价值，已成功孵化了上千名零基础小白学员……

珊姐是北京人，60 后，荣获“2021 年度视频号价值排名前十”

的称号。你说做到这成绩牛不牛？就算是容貌端庄，但视频号上比她年轻漂亮又多才多艺的小姐姐、小哥哥多了去了，珊姐是如何出圈成为大咖的呢？

在分析这个问题之前，先写写我是怎样与珊姐结缘的。

我到视频号探路，茫然无措时找到的第一位老师，就是珊姐。

身体"渐冻"的我在 2021 年 3 月遭遇骨折，术后完全不能自理。父母年近八旬，照顾我力不从心，我只得请了护工，每月需花费数千元。为缓解生存压力，待伤情稍恢复一些，我便到视频号寻找机会。8 月末鼓起勇气，尝试直播。

可我不是李白，而是纯"小白"。直播间总是没啥人，最惨时独守"空房"。幽怨中想起李清照的词："寻寻觅觅，冷冷清清，凄凄惨惨戚戚……"

看来仅凭孤勇闯荡不了视频号江湖，我这傻白不甜的新手决定停播，先去拜师学艺。

搜索教直播的老师，发现了珊姐：她有一条直播视频的播放量破 2 亿，内容是教新手小白。

于是，我来了。

珊姐芙蓉秀面，嵌着梨涡的笑容。她既有满族格格端庄优雅的外表，又有北京大妞活泼豪爽的心。她嗓门大，但教学一步一步很有耐心。

我在公屏上打字简单介绍了自己的身体情况和想学习的意愿。珊姐是个热心肠，当即表示愿意免费收我为学员，对 70 岁以上有学习力的老人，珊姐也免费教授。

珊姐辅导新人如何定位，从起名到简介、直播间规则、如何吸引和留住粉丝、怎样拍摄爆款视频、如何直播变现……

我很感激珊姐的爱心，像干海绵一样学习。慢慢地我掌握了基础知识，对她也多了些了解。

她原来是位企业老板，从事汽车装饰公司 15 年，做事干练，吃苦耐劳。原本爱说爱笑也热爱旅游，家里有房车，闲暇时她和先生喜欢自驾游。可疫情来了。她先到抖音探路没做起来，因看准视频号的风口，在这开启了新的创业之路。

她教新人直播和做爆款视频，将自己踩过的坑、积累的经验倾囊传授，渐渐做出口碑和影响力。

坚持直播和教学很辛苦，珊姐放弃了许多爱好，连广场舞都没空跳了，重感冒时嗓子痛、咳嗽，但依然会撑着开播。有时也遇到黑粉或质疑的，说到其中的辛酸，有一次珊姐不觉红了眼圈，哽咽了。

她认为我很励志，鼓励我抓紧开播，说讲自己的故事就行。我一开播，珊姐就来了。那时我身体还比较弱，窝在轮椅中，因肌病表情僵硬，嘴唇不会动，说话口齿不清，买了声卡也不会用，声音很小。珊姐侧着耳朵听了半天，虽然送礼物鼓励了我，但为我的直播之路揪着心。

很感谢珊姐引路，我签名了一本我的文集送给她。珊姐很高兴地在直播间展示，还朗读了我的赠言和小诗。

听珊姐直播时提起萧大业老师，我去关注了，不久后又进入萧大业老师视频号训练营深造。

我不断学习，也突破着心理卡点，慢慢有了一些经验和自信。珊姐对我的好学精神和进步感到开心，见我“回家”，常为我拉关注、预约；她多次等我开播后主动与我连麦，发动她直播间的学员和粉丝“翻墙”过来，给我送“粉丝灯牌”。她下播后也到我直播间陪伴，并送礼物鼓励。

珊姐不仅关心我，还帮助了几位残疾人主播，有次为卧床不起的“励志辉哥”捐款 2000 元。遇到七八十岁还认真学视频号的，珊姐手把手一遍遍耐心教，带团队去打 call 支持。对一位 80 岁爱读书、爱直播的学员，珊姐一口一个"老妈"地叫着，像亲闺女……

2022 年 2 月 26 日，是珊姐开播周年庆。那天视频号上众多有影响力的大主播都来道贺及连麦分享。珊姐身着华美的紫色绣牡丹旗袍，光彩照人。她回顾了一年来的心路历程，对众多良师益友、学员及粉丝们表达了感恩感谢。

周庆的主题定为"奇机·奇迹·奇绩"，非常有创意。

疫情影响加剧了百年未有之大变局的演化速度，很多传统行业和人们都陷入危机，也在寻找破局的机会。60 后的珊姐就敏锐地发现、看好视频号，抓住了这一"奇机"，不断学习、迭代升级自己的认知，也孵化了许多学员。

把一个知识学会及内化最好的方式，就是把所学教给别人，并且把别人教会。有句非常著名的话："教就是最好的学。"从学习金字塔图可以看出，读书的留存率只有 10%，而教会别人则有 90%！

成人达己。智慧的人都懂得：所有伤害都是相互的，所有利他都是利己的。

不管是在打造爆款短视频还是直播的场观，还是通过视频号赋能来自海内外的众多学员，原本平凡的珊姐都创造了非凡的成绩。从某种程度上说，这也创造了奇迹！

做喜欢的事，让珊姐充满着活力和激情，依然有颗少女心。

记得有一次北京下大雪，她先生开着房车，两人去公园赏雪的路上，珊姐一路直播。有时先生停车，身着红装的珊姐下车玩耍，咯咯地笑着，头发上、睫毛上落上雪的精灵，她那神情也像个可爱的小姑娘。

周年庆时，我也作为学员代表做了分享，并表达了感谢。

当天的活动精彩纷呈，珊姐还设置了砸金蛋环节，在纽约的国际形象管理专家梁艳老师作为开奖嘉宾。梁艳老师是我特别敬佩的大主播，每天坚持直播10～12小时，“梁艳精神”感动视频号。

艳姐说了段意味深长的话：“大家到视频后都不容易，必然经历各种坎坷和挫折，需要热爱、不懈地坚持和努力，才有可能迎来后面的惊喜、奇迹。要先‘挂住’，再‘开挂’。”

想起日本“经营之圣”稻盛和夫先生的名言，“持续就是力量”，将正确的事情以正确的方式贯彻到底。成功＝能力×努力×态度。

珊姐坚持日更小视频，也坚持每天长时间直播。虎年除夕夜，零点前我去她直播间场观就达49.9万了，突破50万似乎就是一步之遥。这时来了考验，直播间进人速度明显变缓慢了，彼时我等不及睡觉了，珊姐仍坚守着。

第2天得知她果然场观冲破50万，但为了这个整数关口，已经疲惫的珊姐又苦熬了3个小时！坚持、坚持、再坚持，才创造了后来的“奇绩”！

遇到挫折，不放弃，甚至感谢逆境，让内心变得强大，这些才是成就未来的开始。

写到这里，关于珊姐如何借“奇机”，创造奇迹与“奇绩”，我试着做了一点粗浅的分析。

直播周庆那天，60后珊姐如盛开的牡丹。曲晶没有归零老师现场赋诗的才情，就借乔羽老爷子《牡丹之歌》的几句歌词送给珊姐吧，感恩遇见，祝您一路长虹：

“啊牡丹，百花丛中最鲜艳/啊牡丹，众香国里最壮观/有人说你娇媚，娇媚的生命哪有这样丰满/有人说你富贵，哪知道你曾历尽贫寒/冰封大地的时候，你正孕育着生机一片/春风吹来的时候，你把美丽带给人间”

爱大叔不如爱大爷

当"躺平"与"油腻"成了众多中青年的选择或生活状态，一位年过半百的"大爷"，却在视频号江湖乘风破浪，赢得了许多人的热爱与追随。

追他的人有多少？就拿王健林那个"小目标"媲个美吧。

大爷一条名为《相濡以沫》的视频播放量2.4亿，点赞862万，转发137万次——这相当于什么呢？差不多每7位中国人里就有一位看过，如果你每天能拍出一条播放量10万的视频，需要近7年！

而这位大爷，并非流量明星或网红，早前在互联网上名不见经传，甚至是个连剪辑都不会用的小白！更神奇处，他仅用一年多时间就拥有了遍布全球的学生2000多人，凛然成为视频号上的名师。

他叫萧大业，是我在视频号上的导师及贵人。

至暗时刻，结缘宝藏大爷

身体"渐冻"的我遭遇骨折后，完全不能自理，父母年近八旬，雇护工每月需数千元。我跌入至暗谷底。

我到视频号探路，也尝试直播。没有经验，没有颜值，甚至连笑容都没有的"三无"主播，数据惨淡。停止瞎摸索，去访名师。

有一天，我寻到了萧大业老师的直播间。

这先生在屋里直播，还戴着深色墨镜和帽子。他的口音、语气、语速和幽默感，都与我一位老友相仿，莫名亲切。"大爷"是他名字的谐音梗，"爱大叔不如爱大业"就成了slogan。

他讲所有行业都值得用短视频重新做一遍，讲视频号的底层逻辑，讲他怎么拍（憋）出爆款视频的段子，讲企业管理经典案例，讲看过的书、旅行去过的地方、吃过的美食、家庭教育要避免的坑……

这可真是一位宝藏大爷！博学多才，看问题通透，幽默风趣，唱歌好听，还很温暖。

我对有趣有料又善良的人向来缺乏免疫力。在他直播间趴了几天，真的爱上了这位大爷。

他擅长透过现象，把复杂事物后的本质，用一分钟左右的视频精辟剖析，甚至给出一些解决方案。如此深厚的内功和智慧，是怎样练成的呢？

原来，他不仅酷爱读书，还做过国企干部、外企高管、多家公司总经理。他曾创业 3 次，后来成为知名讲师，每年一半时间为世界 500 强、央企、上市公司高管授课，讲管理和领导力，另一半则“浪费”在美好的事物上——和夫人环球旅行。

2020 年疫情期间，他有次培训归来后需居家隔离两周，偶然走进视频号。看书之外闲得无聊，拍视频并钻研，后来竟拍出大爆款，获奖无数，受邀参加各种峰会，影响力几何级数地增长。

他从最初对线上课不屑，到联合青年才俊“艾乐”创办起沟通训练营和视频号训练营。讲起一些学员的故事，大爷非常动情。

2021 年 10 月初，我认识萧大业老师时，第 4 期 21 天视频号训练营正招生。我也想学，但为 1000 多元的学费犹豫了几天。直到发现我仰视的新媒体大咖粥左罗都加入了大爷的视频号训练营，心一横，转账！

股神巴菲特和小米科技董事长雷军在演讲中都说过：“最好的投资，就是投资你自己！”我以后还可以吹牛：“我和粥左罗是同学，哈哈哈。”

非凡导师，打造不一样的训练营

第 4 期视频号训练营，有学员 180 人。其中很多是企业家，各个领域的佼佼者，来自五湖四海，甚至有多位优秀的海外华人，连温哥华中文电视台的主持人、五洲选美冠军“橙子”都来了！

怎一个星光熠熠、群英荟萃了得！学员分为若干组，开营仪式超燃。

“这世界上有各种各样的人，恰巧我们成了朋友，这不是缘分，是因为我们本就应该是朋友。”大爷说这是他特别喜欢的一句电影台词——“来我训练营的，不管你是怎么来的，我觉得你和我萧大业本就是朋友！”大爷很真诚，自带光芒，气场强大。他嘱咐大家珍惜接下来的学习机会，鼓励彼此多联系。

他看了每位学员的简介，私信我：“曲晶，你的精神让我很感动。我不想，也不能收你的学费。我想为你做点事。”大爷发了个笑脸，全额返还我的学费。

我没收这个大红包，相信这是自己最正确与超值的选择——人生有舍才有得。事后证明，我加入大爷的视频号训练营这个决定，真的很英明。这眼光，我都想给自己磕一个哈！

在接下来的 21 天里，我们跟大业和艾乐导师学视频号的道与术，学习如何通过视频号把自己展现在大家面前，让更多人来了解自己。

训练营的每个作业都布置得用心良苦，帮助我们思考，厘清定位、价值和变现路径等。有两个特别的作业“为什么关注我”“一个＊＊的十年”。大爷反复强调这两个作品必须认真对待，因为这其实是在写自己的个人品牌故事，有助于打造个人 IP……

大爷每天 5 点左右起床，午夜才休息，在群里分享互动，给我们“加餐”，讲为人处世之道，有时还亲自帮学员修改重要的文案……

社群氛围超级活跃，大家比学赶帮超，有温度也有深度。每天几千条信息，“爬楼”学习到手机发烫。运营团队的整理官将群精华内容整理出来，分几个时段整点播报。

我从至暗时刻走出，哪怕只有一根手指能操作手机，每天也认真学习和思考，在群里积极互动。大爷默默下单购买《飞翔的蜗牛》，还邀请我为同学们分享自己的故事。

太多学员通过21天学习有了跨越式成长，深感得到超值交付。不少同学以自己的信用背书，极力推荐萧大业视频号训练营，并放下豪言：“如果学后不满意，找我退款!”

那几天的视频号直播广场，被萧大业视频号训练营的学员霸屏了，红色的封面如战旗一样到处飘扬，颇有些排山倒海的气势。

大爷早5点睁开眼，忙到晚上12点，马不停蹄地去学员们直播间“巡山”、助力，常一天只吃两餐，水都来不及喝一口，要睡觉了才发现口干舌燥，无法入眠。他累并快乐着，痛风发作到难以走路，也顾不得好好爱惜自己。

大爷不光给学员们送来精神的支持，也砸真金白银刷礼物。他的号升到40多级，大约投了十几万进去——很少去大咖直播间送礼涨粉，大部分都打赏给了学员。

我毕业前首次直播，大爷赶着“牛群”来连麦支持，连打5头大金牛！我还收到了第一个“桃花岛”，是来自悉尼的胡家兴校长送的——他在国内创办了700多家教育连锁机构，也是训练营同学。得到大家的鼎力支持，我再也不是那个孤军奋战的“小蜗牛”了，信心与底气油然而生。

说到推广大爷的视频号训练营，有两个同学异常神勇。身为易众董事长的张肇成直播15小时，成交118单，提到导师萧大业，他不禁潸然泪下；还在哺乳期的普通二宝妈"末末熊"勇敢向张肇成"宣战"，也挑战直播15小时。她备好面包、牛肉干，在其他同学的助力下，共成交43单！

所有的伟大都源于一个勇敢的开始。从来都没有太晚这件事，太晚的是你从未开始。

擅长发现和激发别人的优势与潜能，帮助他人成功，这是一切成功者的特质，也是大爷的硬本领。

末末熊的勇气与坚韧，学员们的互助互爱，对大爷的信任与爱，都让大爷感动到热泪盈眶。他称自己"眼窝比较浅"，外表坚强，但内心温暖善良，属于会流泪的男人。其实，在我们心里，这才是真性情的纯爷们儿！

大爷有天宣布："曲晶，我昨天想了一晚做了一个决定——我会邀请你免费无限期的进入我所有的训练营，包括未来的商业合伙人计划，只要你愿意，这是我目前能做的。"

在第4期训练营结营典礼时，大爷安排我作为优秀学员代表跟他两次连麦，第一次是在励志组出现，第二次邀请我唱首歌。

大爷谈了他眼中的我。他说："生活中许多人会遭遇意外，会凭借意志力咬牙度过生命中的黑暗时刻。曲晶让我感动和喜欢的是，遇到磨难没有屈服，反而比很多健全人更热爱生活！曲晶用她的热情、温暖和爱，去拥抱和融入这个世界。生活这样对待曲晶，她依然去过那么多城市旅行，依然喜欢唱歌，为延缓身体'渐冻'，依然每天坚持锻炼。曲晶的歌声挺美的，如果你今天有力气，就为我们唱一首吧。"

我唱《隐形的翅膀》时，大爷为我做的一幕幕在眼前闪过，不觉哽咽了。

直播间有不少人感动落泪，大爷也很动情，他一再重复：“大家给曲晶点点关注……”

这世界有那么多人，多幸运我有个我们

第 5 期训练营居然有 600 多名学员，各类企业主，“大哥”，甚至一些超级 IP，如“十点林少”“剽悍一只猫”“Spencer”等，也有加入，盛况空前。就连中关村天使投资联盟秘书长徐勇院长都评价，萧大爷老师是视频号培训界的天王！

一个微信群最高 500 人，只好分两个班，光运营团队就配备了 32 人。

因为劳累和透支，第 5 期我只学了一段就病倒了，卧床多日。大爷提醒我身体为重。

贵州偏远山区的宝妈“琴丫”抽奖中了大爷视频号训练营，努力拼搏，破茧成蝶，在直播间教彩妆；有两个孩子的“石头妈妈”加入训练营，学以致用，结合自身专业在直播间推广线上英语课堂……

更有从第 1 期到第 8 期一直追随大爷学习的“钉子户”，比如“江看闲事”。江姐原本是位悠闲的全职太太，每天带孩子、遛狗、给老公准备晚饭。加入训练营后，她跟随团队不断成长，乐于为一期期的同学助力赋能。人到中年，生命之花绚丽绽放。

现在网络各种培训班令人眼花缭乱，不乏“割韭菜”者。萧大业老师的训练营重交付和陪伴，收获满满的学员自然乐于分享大业的课。跟我报名且认真学习的同学，都很感谢我的推荐。

大爷说：“如果真诚也算套路，那就是最大的套路，其他套路在它面前不堪一击！”

大爷读过的书，走过的路，经历的事，遇到的人，丰富的阅历

都融入他的骨子里，随时可以出口成章，金句频出。

“人不是有了方向才能全力以赴，而是全力以赴才会有方向!”

“真正坚持到最后的，靠的不是激情，而是恰到好处的喜欢和投入。”

大爷的爱、气度、胸怀和魅力都散发着人性的光辉，引领学员们在视频号江湖共成大业。

今年3月，萧大业与艾乐合著的《视频号运营攻略》一经面市，两天便横扫了当当网管理图书榜和京东的市场营销榜第一名！这本书也获得一系列大咖联袂推荐。

我有幸得到大业老师赠送的签名版《视频号运营攻略》——腰封上面还印有“曲晶专享”腰封，同时寄来的还有大爷头像的笔记本。小小细节，见为人处世之用心与温暖。

大爷知道我因手指无力，仅能用“一指禅”打字，心疼我。在自用一款会议麦克风音箱感觉到语音输入转文字的便捷后，大爷高兴地购买了两个这样的语音转文字神器，送给我和训练营另一位叫琪菲的脑瘫女孩，希望我们借助这高科技产品更方便地写作，助力我们实现梦想。

我太感动了，结识这样的良师益友，我非常幸福和幸运。在给大爷签名的书上，我曾写过：一日为师，终生为大爷!

6月28日晚，第10期训练营结营。大爷直播了好几个小时，分享后疫情时代视频号给普通人带来的机会，也连麦了不少学员。同学们从不同角度，讲述了在萧大业老师视频号训练营的改变、感受。有的学员学习后夫妻关系、亲子关系都得以改善了，含泪表达了对大爷的感谢。

这一天也是萧大业视频号训练营成立一周年的日子，我们各期同学代表悄悄录制了一个视频合集，作为周庆的秘密礼物。当一位同学连麦时在直播间播放这个视频，大爷看了一会儿就落泪了。他拿起桌上的纸巾，把脸移出镜头，擦去纵横的幸福之泪，好久好久。

“这世界有那么多人，多幸运我有个我们。这悠长命运中的晨昏，常让我望远方出神……”在大爷深情的歌声中，我们很多人也泪眼蒙胧。

我用无力的手指写了几千字，能写出来的仅是萧大业老师的“冰山一角”。

想接近和感受，欢迎来训练营。可以学到那么多的课程、连接大批优秀的同学，结缘大爷这位良师益友，都非常值得。

选择比努力更重要！

你是认同呢，还是认同呢，还是认同呢？

每期训练营开营，大爷都要处理方方面面的事务。叹服他的时间管理、精力管理、情绪管理及自律精神。

即便忙到每天只睡四五个小时，他早晨除了写文章，与学员、知识星球上的星友交流，还乐颠颠地给爱人做早餐。大爷不仅懂吃、会吃，尝遍国内外各地美食，厨艺也是杠杠的。

新榜 CEO 徐达内推荐萧大业的新书时，把大业老师的为人处世与金庸笔下的大侠萧峰作比，评价相当高。可我觉得大爷更像洪七公，同样的侠骨柔情，大爷更风趣可爱接地气，而且是热爱生活的美食家。

胡家兴：德高为师，身正为范

我和胡家兴校长是2021年10月在萧大业老师视频号训练营第4期结缘的。

他是60后，是3个孩子的爸爸，有位美丽聪慧的妻子。他对儒释道和西方哲学有独到见解，是几个公司的老板和资深跨境并购达人。他还是杰出的教育家，创办的哈喽贝比教育集团在中国有700家连锁店，服务了上百万的家庭，获央广网"2019年度品牌实力托育教育品牌"的荣誉……

很难想象，这位身上有太多闪光标签的牛人，却出身于贫困的农村。

为了改变命运，让父母过上好日子，他少年立志，从小学一年级起，就每天早上五点起床刻苦学习。当以优异的成绩（除地理、历史外皆取得满分）考入大学后，却面临上不起的窘境。幸有哥哥拿出准备结婚的钱供他完成学业。工作前，胡家兴的生活捉襟见肘，没吃过一顿饱饭不说，还睡过马路边和公园，就为省10元住宿费。后来还3次因重病有性命之虞。

对于这些过往，胡家兴每每提及，言辞中满是感激，没有半点怨天尤人。他认为正是这些困境激起了他的斗志，磨练了他的意志，助他增长了智慧。经多年奋斗，他完美逆袭，事业、家庭、健康俱足，也就成了我们今天所看到的样子。

去年，带着帮助更多人觉醒和实现美好人生的初心，胡校长来视频号求索。除了教育家、企业家、投资家这些标签，他国学功底深厚，拥有大智慧和高情商，擅长沟通，立身行道，舍得付出，因此扬名视频号。

还记得他首播那天，许多头部主播都来祝贺。在萧大业视频号同学连麦环节，我也壮着胆子跟胡校长同框了。

没想到，胡校长居然向大家隆重介绍了我这只“小蜗牛”。他说生命中影响最大的除了父母，就是集盲聋哑于一身的海伦·凯勒——卓越的作家、教育家、社会活动家。他赞我们都是勇敢突破自身障碍、活出精彩、点亮别人的人。

胡校长几句过誉的话，我不敢愧领，却倍感激动，唯有努力学习成长。

记得与胡校长第一次在微信聊天时，他就鼓励我：“了不起的同学，好好把视频号做起来。曲晶，你也可以成为药师佛，用自己的案例来救世人。病也是老师，而且是严师，可以来唤醒我们。我也是从病中成长起来的，很感恩生病。”感恩生病？胡校长的格局和看待问题的视角令我为之一振，这与史铁生敬畏自己的病有相似的高度。

不久，当我在视频号训练营做毕业前直播时，萧大业老师和不少同学都来助力，公屏滚动不停。那天，胡校长成为我的“榜一大哥”，为我刷了上千元礼物，包括一个桃花岛。

后来，我收到出版社寄来的大字版《飞翔的蜗牛》，并挂在个人微店出售签名版。胡校长留言让我给他设为推广店员，并乐于在直播间帮我义务推荐。

一个大老板和教育家，情愿放低身段，成为我这小店的“店员”，怎不令人深深感动？

胡校长经常在直播间说：“大家可以把曲晶这本书‘请’回家，为什么我不说‘买’回家而用‘请’字呢？因为书里面生命的故事会给我们的人生带来激励和启发。如果您家的孩子有些叛逆，您不要逼他读。您就自己读，然后把书收回书架，叮嘱孩子：'这本书你千万不要看哦!'相信我，你越不让看，孩子越好奇，哪天趁你不备打开读了，就会激励到他……"

高情商的胡校长讲话时带着些俏皮。我虽知自己水平有限，当不起他的夸赞，还是很感怀他的心胸。

经过一段时间的学习和努力，我渐渐被一些主播认可，还受邀去一些直播间连麦，更有良知老邓团队邀请我和我的父母去长沙做线下家风传承分享，徐培刚老师建议我录制自己的语音课程……

我不知如何回复，便在胡校长直播间陈述困惑，言语间有些语无伦次。胡校长听出了我的举棋不定，也听出了连我自己都没发现的飘飘然。胡校长少见地拧起眉头，当众批评了我。他提醒我不要炫耀自己有多牛，而应更多地感恩父母。

胡校长的话说得很重，使我冷静下来。

后来胡校长专门找到我，跟我说："曲晶，上天给你磨难，是因为你有大使命。一般人承受不了，健健康康，也就往往碌碌无为。你的目标是战胜病魔，成为健康人。或不受病的困扰，点亮自己的心灯，从而照亮别人。"我明白了胡校长的良苦用心，之前那番话是在给我打预防针呢，他希望我未来的路走得更稳、更远。

朋友有很多种，《论语》中孔子曰："益者三友，损者三友。友直，友谅，友多闻，益矣。"就是告诉我们与正直的人交朋友，与诚信的人交朋友，与知识广博的人交朋友，是有益的。胡校长正是这样的良师益友，遇上他，是我的幸运。

接下来的日子里，胡校长依然在不同方面给我关爱、鼓励。

父亲节那天，我在视频号搞了一场直播，主题是"致敬父爱，讲述父亲的故事"。当时胡校长在忙 21 天心想事成践行营带学员的第 2 周分享。一忙完他就与我主播连麦，当时澳大利亚已接近零点。

刚好我在沈阳的小弟也在麦上，他感谢了胡校长对我的支持和帮助。

胡校长回说：“不是我支持你姐姐，而是你姐姐帮助了我们。人就像车子，有的车子外表损坏了，但车内有驾驶员，那个灵魂是健全的。有许多四肢健全的不够努力，你姐姐却克服重重困难，活出生命的精彩。我也特别欣赏和敬佩你们的爸爸妈妈，两位老人家都积极乐观，令人感动……”

胡校长说了很多激励我们的话，我老爸也对远在大洋彼岸的胡校长表达了敬意和感谢，并说起自己最近也在写些回忆录。胡校长为老爷子竖起大拇指，并举起手边的保健品，要寄给我父母，祝二老健康长寿。

直播间里如此温情的互动让我深深感动。接着胡校长分享了他的父亲对他的教诲：“书中自有黄金屋，书中自有颜如玉。”这也是他多年来坚持通过读书来提升智慧、改变命运的动力源泉，而他也顺理成章地成就了一番事业，找到了自己的“颜如玉”。

当胡校长讲到他的父亲言传身教的3条重要品质“正直、勇敢、无私”的时候，他家的“颜如玉”“翻墙”到我直播间送上礼物和祝福。

这是一位容颜姣好、唱歌如邓丽君般委婉动人且谈吐不凡的智慧女子。寒暄过后她笑着夸起自家老胡，胡校长一度做娇羞状用红围巾遮住眼睛，特别可爱。后来，校长夫人还透露了几个小故事。

“上周我和老胡去情人港，走到一家餐馆前，他随口提起几个月前路过这里，见到饭馆外有人晕倒，不省人事。一圈人围观，都不敢动。我家老胡一个箭步冲上去，给晕倒者掐人中醒过来，不久救护车也来了。我听他说完不觉后怕，你说他又不是医生，万一把人掐没了，怎么办？但老胡在这种危急时刻不会瞻前顾后，担得起勇敢无私。我最喜欢他的正直，它闪着光，做人就该把人品排第一位。

“我们家老胡经历特别多，讲诚信，头脑也灵活，做什么都能成功。跟很多客户都处成了好朋友。我再讲个小故事。有位西班牙客户，我们做国际贸易20多年，早成好兄弟。贸易特别难时，与这位西班牙客户的贸易有几年不赚钱，我劝老胡将这块业务砍掉，别做了。但老胡说我想得太简单，对方是家族企业，难以选择更好的供货商，倒闭的风险很大，于是就坚持做下来。好消息是我们的贸易很好，一个月出口上百个柜。

“不是靠技巧、谈判或运气好才多成功。我家老胡是以心换心，一片赤诚!”

夫人的讲述让我对胡校长更添敬意。

想起不久前看过一本关于商圣范蠡的书。范蠡献策扶助越王勾践复国，受到封赏，认清形势选择了隐退。归隐3次经商成巨富，又三散家财。“忠以为国，智以保身，商以致富，成名天下。”这是世人对范蠡的赞赏。

胡家兴校长的正直、诚信、勇敢、德才与智慧也是他取得多方面非凡成就的基石。这些是天之道也是人之道也。不管学什么，跟一个正直又有智慧的人走，不会走弯路。

胡校长身上闪耀的君子之风与人性的光辉。

中国著名教育家陶行知先生有句名言：“德高为师，身正为范。”即德行高尚的人才能成为老师，行为端正的人才能成为师表榜样。

在物欲横流的今天，如果多一些胡校长这样的传道授业解惑者，祖国会更加强盛，也有更多家庭会幸福和谐、美满富足。

 被 90 岁老爸“完美辗压”的幸福

走进微信视频号以后，好像进入一个全新的世界，看到不少奇人趣事。

有这样一对父子主播，就很是有意思。

先说儿子主播冬牛，人称“冬牛哥”。直播间名为“冬牛聊健康”。冬牛哥今年刚好活满一个甲子。

我是在“飞哥之约”直播间邂逅的冬牛哥。身为企业家的飞哥爱好传统文化，善吹一种有 7000 多年历史的古乐器——埙。冬牛哥作为飞哥的超级铁粉，阅历不凡，毕业于名校，兴趣广泛，写作、唱歌、朗诵皆有模有样。

有一次冬牛哥直播时邀请飞哥吹奏古埙。飞哥语音连麦，没出画面，冬牛哥马上拿起一只埙，在镜头前如醉如痴地吹起来。不少朋友以为冬牛哥短期里神功练成，纷纷祝贺。直到把镜头后面真正吹埙的飞哥逗得吹不下去了，冬牛哥的吹埙“表演”才穿帮。

这戏精哥们儿太逗了，还是个典型的热心肠。了解我的情况后，他读了我的文集，更是在他的直播间诵读，还挂上售书链接向朋友们推荐。

随交往加深，我对他也有了更多了解。

冬牛哥来自北京，是业内公认的跨界健康科普传播专家，他做过电视专题节目，当过健康科普杂志主编，现任北京昭光大众健康研究所所长。

他童年生活比较艰苦。父亲不在身边，母亲独自抚养 3 个孩子，家境窘迫，经常有“揭不开锅”的时候。冬牛哥是长子，由此养成

遇事勇担责任、乐于助人的品性。

他天资聪明，上学一路都是学霸。高考时因一门课失手，没能考进第一志愿的清华大学，就读于北京理工大学管理专业，硕士毕业。他当过官，下过乡，留过洋，经过商。参与过房地产、投资、证券、保健品诸多行业，最后任杂志主编，刻画出一长串斜杠人生。

如今在各大视频平台，最活跃的是带货主播。冬牛哥却给自己的视频号定位为“带活”主播。多年来，他除了坚持做健康科普，创办了公众号“冬牛聊健康”，还亲自体验有助于益寿养生的招法，比如传统辟谷、古典瑜伽等。

他结合自己的科班专业，创建了寿命管理理论，引导人们设定寿命目标，传授益寿之道。为此，他定了个十年小目标——让一亿国人相约健康奔 99（岁）。

2022 年 1 月 9 日，冬牛哥迎来了 60 周岁生日。他在直播间做了一场“活满甲子，相约 99”的专题直播。许多视频号新老朋友纷纷连线祝福，连我敬仰多年的洪昭光教授也亲临直播间贺寿。要知道，洪昭光教授可是“中国首席健康教育专家”啊！他撰写的科普健康书籍总发行量超过 300 万册，还以畅销书作家登上过福布斯中国名人榜。

原来，冬牛哥就是洪教授出书及举办健康讲座系列活动运筹帷幄的幕后操盘手。他一直称洪教授为自己人生的导师，实则是忘年之交。

看一个人的底蕴如何，只需看他身边的朋友即可。

再来说说“老子”主播——天津老玩童。

老玩童今年 89 岁，是冬牛哥的亲爹，老天津卫人。直播间新昵称为“90 不老玩童”。

早些时候，我常在冬牛聊健康直播间见到这位天津老玩童。老爷子红光满面，中气十足，一口天津话儿，诙谐风趣，颇富喜感。别看已这般年纪，但耳聪目明，思维敏捷，能滔滔不绝地侃好半天。有次冬牛哥直播中不得不把老爸“抱”下麦，嘴里还念叨着：“请您下去坐吧，偶滴个亲爹呀！实在说不过您了！”

冬牛哥说不过老爷子，论饭量也甘拜下风。比如出去吃自助餐，成人 89 元一位，餐厅对老年人优惠，只需 49 元。可一旦开吃，连餐厅老板都几乎献上膝盖——没有几个人能吃过这老先生的！老玩童胃口倍儿好，吃嘛嘛香，肥肉、甜食没忌口的，血压、血脂、血糖却都正常，身材还特匀称。

吃得好，睡得香，身体棒，老玩童常骑着共享单车到处玩，妥妥的活力健康老人样板。

冬牛哥是孝子，每年都要回天津给老父亲祝寿。可去年老父亲生日前后赶上疫情反复，无法赴津。冬牛哥急中生智，想到在直播间为老父亲线上贺寿。

为了活跃气氛，老玩童决定学唱传统京剧《空城计》选段，把唱词抄了 3 遍，再认真练习，仅用 3 天，就能把全段唱下来了。云端贺寿那天，老玩童不负众望，潇洒从容地演唱了一整段《空城计》选段：我正在城楼观山景。

冬牛哥喜出望外。接下来的故事情节出人意料。

可能是受到了大家的鼓励，老玩童竟然喜欢上了直播间，冬牛哥就带着老爸到各大主播的直播间上麦分享。老玩童越唱越好，越唱越来劲儿。一段戏不过瘾，又学习了《萧何月下追韩信》的两个唱段。

有一天，老玩童提出想自己开直播。冬牛哥大喜，鼎力支持，特意到几个大主播直播间通报消息，为老玩童的首播拉人气。

"二月二，龙抬头"，老玩童首播，很多新老朋友如约而至。90岁老人开直播，顿时成为视频号上一道靓丽的风景。

老玩童头戴礼帽，披着红围巾，精神饱满，气宇轩昂。眼不花，耳不聋，那表达力和反应能力，一点都不逊色青壮年主播。首播场观很快破千。老玩童原打算上午播2小时，因反响热烈，直播间在线互动热闹，一播就超过5小时！老爷子开心到不知疲惫。

接下来老玩童每天上午9点开播，直播间定位简单又很酷：天然开心果，专治想不通；宜乐又益寿，相约奔99。老玩童真心希望让更多老年朋友能来到直播间，一起快乐过好每一天。

在众多热心主播的支持建议下，他把自己直播间的名称定为：90不老玩童，谐音"就是不老玩童"。

从此，"90不老玩童"直播间充满了说学逗唱演，欢乐多多。不仅吸引了大批老年人，也有各年龄层的人被他圈粉，包括视频上的大咖主播"陈可欣"（央视前女主持）、拍出单条播放量2亿多的"北京珊姐"、良知老邓等都成了老爷子的拥趸者。还有浙江嵊州105岁的老寿星母子也常来他直播间凑热闹。

"我没什么文化，就希望大家到我直播间能开心。人活百岁也就3万多天，功名利禄都是身外之物，别太斤斤计较，大家想开一些。老年人上了岁数，主要的目标是保持心情好，身体好，自己不遭罪，不用吃药不上医院，也不给子女添麻烦，这就是给国家做贡献了。您说是不是?"

老爷子敞亮！活得通透，富有智慧。他最常念叨的座右铭是"吃亏是福"。

为了提升直播内容和水平，他在底下认真练习京剧唱段。还把样板戏《红灯记》中的经典唱段抄下来，一遍遍地练习，越唱越有板有眼、有韵味。

科学研究证明，许多老年人记忆力减退，与脑神经细胞数量减少有直接关系。如何改善？让生活丰富多彩，多参加体育运动和智力活动，保持健康习惯，生活规律，睡眠充足，减少负面情绪等都是好办法。

“90 不老玩童”直播十几场时，就被平台系统判定为优质主播账号。每天推流不断，最高一次场观超过 2600 人次。这个数据可是完美“辗压”带他入门的冬牛哥的直播数据。

冬牛哥在公众号撰文表露“心声”：当儿子的最大幸福，是老爸健康快乐没有病；当儿子最大的痛苦，是直播间数据证明居然自己还不如老爸！

他在直播间做着鬼脸重复了这番话。可见，60 岁儿子真的享受到 90 岁老爸绽放生命活力的那种幸福感。

“六一”儿童节这天，90 不老玩童戴着红领巾、小格帽，乐呵呵地出现在直播间，过节。永葆童心比金贵。

勤劳俭朴，坦荡豁达，心态平和，这是长寿老人们的普遍特质。而接受新事物，保持好奇心，活到老学到老，愿意与年轻人交流，则是保持年轻态的关键因素。

童年的苦，让冬牛哥学会了苦中作乐，知足常乐，助人为乐。他曾拿出不少钱资助青海玉树地震幸存的孤儿，把他们接到家中，供孩子上学。虽素未谋面，他也为我出谋划策，多方关照，就像我的亲哥。

每个人的生命都是有限的，不要因匆忙失了灵魂，不妨放慢节奏想一想，作出选择。尝试着在一件件“有意思”的事情上，找寻到“有意义”的人生。

60 岁的冬牛哥阅历丰富，多才多艺，是位高情商、高学历的专家；90 岁的不老玩童，曾是普通工人，小学都没毕业。但爷俩都在视频号玩直播，玩出了精彩，玩出了洒脱，玩出了爽爽的快意人生！

二小姐颖华

许多人生怕在别人眼中留下"缺心眼"、不聪明的印象，独生女颖华却偏给自己的名字加了"二小姐"这个前缀。她称自己是比较"二"的小姐姐，还比着剪刀手笑嘻嘻地煽动：2022，让我们一起"二"吧！

二小姐颖华姓黄，70后，上海人。上海女人的精明全国闻名，颖华头脑也不差，但常被不少朋友这样夸："二小姐，你真是'有点二'啊！"

我和二小姐虽未曾谋面，却成了心灵相通的好朋友。

2021年11月，我俩在萧大业老师视频号训练营第5期相识，成为同学。

她了解到我的一些故事，推荐了关于营养健康方面的电子书和她的社群。我当时正卧病虚弱中，没精力多说话。

她默默下单了我的书。她被书里的故事吸引并打动，申请开通代卖授权，想在自己直播间义务代销我的书。

接下来，她不时给我发信息，报告哪位朋友听推荐下单了，言语中透着欢喜。

"曲晶姐姐，这可真是一本好书！能带给人们力量和逆境翻盘的勇气。我希望有更多人能看到，也很高兴能用这种方式帮到你。其实，这本书也帮助了我自己……"

有一天晚上，我在视频号直播广场的关注预览隔屏看到二小姐颖华在抹眼泪，便想一探究竟。点进去，发现她正在直播间捧着我的书，轻声朗读着《我与自行车的故事》。

那篇文章中，我写到童年爱摔跤的自己如何不服输，经过无数次跌倒、爬起，终于学会骑自行车；接下来一些年骑车上学、上班、游玩的经历；当肌肉日渐无力，我咬牙坚持，流血、受伤，甚至被撞晕，最终与心爱的自行车告别，重逢只依稀在梦里。

屏幕前的二小姐，声音有些沙哑，眼睛红红的。她读完，把书贴在胸前，向朋友们倾情推荐这本触动她灵魂的书。当她忽然发现我也在直播间时，越发激动了，用手背擦擦泪，嘴角试图上扬，这个画面令我深深动容。

我连麦上去，逗她："二小姐，你看我的书，有没有笑的时候呀?"

"有啊，可是我能读懂那幽默文字背后的心酸与疼痛，反而更加难过。"原来，看似大大咧咧，学说东北话"哎呀妈呀，简直了"的颖华小姐姐，内心竟如此柔软，如此善解人意。

隔了两日，我再进她直播间，撞见她又泪眼婆娑地在推荐我的书，不觉有些心疼。

之后又有了第 3 次见她流泪。她直播间场观人数不高，有时显示在线就两三个人，她发自内心的推荐，竟屡屡能卖出我的书，甚至还有陌生访客下单。

我想起一句话："没有任何道路能通向真诚，真诚本身就是道路!"

临近春节，我友情提示颖华先别看我的书了，或者跳过写病友的第 3 章，因为这章写到不少"渐冻人"病友年纪轻轻就去了另一个世界，怕她太伤心。

两颗心越贴越近。我直播时，她常放下自己的事，来助力、打赏、点赞、公屏互动。

现代人普遍很忙，有多忙，看你在对方心里有多重要。

二小姐的热心让我特别温暖和感动，她却坦言："姐姐，你不用感谢我，你和你的书都可以帮到更多人。我义务推广你的书，也因为自己有销售方面的心理卡点，我以前不好意思当众推广，卖姐姐的书呢，正好锻炼自己的营销能力。能力提升了不愁赚不到钱，也能提供更多价值。我其实也是有私心的哦！姐姐不用因此有压力，觉得像欠了我什么，你身体不好，时间紧张，不用老来我的直播间……"

好长一段时间，二小姐直播间只挂了我的书，投入不少精力和感情义卖，并不赚钱。她还帮助了处于困境中的冰冰姐和脑瘫女孩琪菲。有朋友知道她失业，也在爬坡阶段，便劝她："你别太傻，这样不行啊，也要带其他货，首先要爱自己呀！"

颖华曾在上海机场工作了20年，是位安检专家，原本有个"钢饭碗"。可长期熬夜和劳累，加上情志不舒，她的身体亮起了红灯。为了健康，她辞职了，付费学习，另寻出路。

2月中旬的一天，她留言：姐姐，我住院了，最近没法帮你卖书，出院后再努力。我知她近年单身，父母年纪大了，便问谁在医院陪护。她说大过年的，没让家人和身边的朋友知道，先输液消炎，随后可能手术。

隔阵电联，聊天中她反倒安慰我："不过是个小手术，放心吧，主要是免疫力低下，累着了，很快就会恢复的。"

她说得轻描淡写，但我心疼她的太过"懂事"。大正月的，她独自面对病痛的折磨和一些不确定性，术前自己签字，术后没人陪伴。一个感情细腻的人，心里难免会有感伤和失落的。

值得欣慰的是，慈悲为怀的颖华人缘很好，经常有朋友寄礼物给她。我聊表心意，她就发朋友圈说被暖到了。

她听我提到老妈因睡眠问题影响身体健康，当即介绍了调理方法，还寄来两瓶钙镁片，说补镁有助于改善睡眠。我转账她不收，让回头寄几本我的书，她送朋友。

另一次她寄来润喉的罗汉果，还手书小卡片：曲晶姐姐，你是三阳开泰普照大地。

一个人看到什么，往往反映的是自己内心的投射。

我没有她说的那么大能量。而颖华，正是内心向阳、传递温暖与美好的那个人。

当她闻听帮我按摩的护工大姐年后受伤没能来，问要不再找一位助理，还说："可惜自己因疫情和身体状况所困，否则真想到秦皇岛看我，帮我按摩通经络，缓解病痛——尽管她力气不算大，也没专门学过。"

我遇到一些困扰，有纠结，也常找她商量。颖华认真聆听，帮忙分析，并提出中肯的建议。她告诉我别给自己太多压力，身体健康最重要，鼓励我写出更多文字。得知我的书可能修订再版，也很开心。

"姐姐，你可能真的还没认识到你的书的价值！我为什么愿意尽力推荐你的书？因为它的确可以帮到许多处于逆境中的人，带去希望和勇气——这本书也给了我力量，让我从至暗时刻走出来。许多不爱学习的孩子看了你的书，也学会珍惜、感恩，学会爱和努力。"

二小姐每每提醒我早点休息，不要熬夜。她自己却经常学习和帮助别人沟通到半夜，清晨 5 点多又投入学习和助力伙伴。

她为什么这么拼？我渐渐了解到，她曾为爱的男人付出一切，但后来物是人非。这对重情的她造成巨大的创痛。她结束了 14 年的情感，带着伤心离开家。

她不再依赖任何人，努力向上生长。她不断投资自己，不断破圈，参加了很多个知识付费的训练营和付费社群，如沟通类、视频剪辑、领导力、写作、读书等。她乐于分享和助人，称自己为“知识的二道贩子”——这也是对二小姐的“二”字深一层的解读。

在信息爆炸、高速发展和不确定性越来越多的当今，不想被时代的车轮辗碎，我们都需要打破固定性思维，提升认知，迭代自己的“操作系统”，与牛人“联机学习”，实现跨越式成长，成为“跃迁”的高手。

亚马逊创始人杰夫·贝佐斯在演讲中提出：“聪明是一种天赋，而善良是一种选择，选择比天赋更重要。”

颖华并非没头脑那种“二”，她挺聪慧的，具有成长性思维。通过学习，分析判断能力、表达力、领导力都在提升，也链接到许多资源。为人靠谱、真诚、利他，路会越走越宽广。

老子在《道德经》里说：“上善若水。水善利万物而不争，处众人之所恶，故几于道。”

我在颖华身上领略到人性的光辉，在她的脸上，也见到越来越多自信、明媚的笑容。

人的成熟不等于世故，而是通过修行，内心平静而柔软。

往后余生，我们陪你

疫情改变了世界，次生灾害也对生产、生活方方面面产生了巨大的影响。

危机和变局中也往往蕴含着机会。人们共度时艰，也探寻出路。

我在变局中寻得了视频号。

视频号无门槛，任何人都可以做。但要把视频号做得出彩，却不是容易的事情。为此我参加了视频号培训界天王萧大业的训练营，还结识了诸多在各自领域有所成就、想在视频号阵营突破的优秀朋友。

2022 年 3 月 5 日晚，我做了一场直播，主题为视频号带给普通人机遇，邀请了珊姐、云姐、方圆老师、多妈、冬妹做嘉宾。他们通过视频号平台展现了自己的专长，成人达己。北京珊姐做出一条播放量达 2 亿多的曝款视频，在视频号教新人学直播还免费教我；云姐通过坚持成为翻译、作家、编剧，创办了坚持训练营；方圆老师是留学教育机构 CEO，学员遍布国内外知名大学；多妈古道热肠又能力超强，来到萧老师视频号训练营后，积极互动，成为运营团队的骨干力量；冬妹温暖知性，是我学习的榜样。

大家从不同角度讲述了来视频号的成长与机遇，也给了我许多支持和鼓励。热情豪爽的冬妮客串主持，多妈还生动地讲了我俩的“爱情”故事……

通常，我直播间来访的人数也就几百，很少破千。这天晚上 10 点前后，直播间进人速度明显增加，进来的人积极点赞和公屏互动，还有些陌生账号赠送大礼物。我在惊喜中有些奇怪：平台推流的话，不会是这种情况，进来的人显然是有组织的。

有位“阿甘”不停地在公屏指挥：“请大家点开曲晶的购物袋，找到《飞翔的蜗牛》并下单，感谢支持。”咦，这位阿甘是谁？视频号上达 52 级的大哥，充值需上百万人民币了！而他故意以微信号身份进入的，没法点开其视频号个人主页去查看信息。

谁在学雷锋日，默默做雷锋呢？

我注意到有些人刷屏信息滚动的内容是"成府家人"前来助力。"成府"我知道，是张肇成直播间粉丝团的名字。还有显示"菜团子"家人的，那是视频号另一位大哥"设计老蔡"团队的标志。

我正暗自思量，在我直播间协助的慕阳同学提醒："请肇成哥上麦分享。"看来真是这位大哥穿"马甲"到了。我心底涌起一股暖流。

我与张肇成是2021年10月上旬同时报名加入萧大业老师21天视频号训练营第4期的学员，这位来自郑州的学员是易众公司的董事长。他首播策划非常成功，视频号也做得风生水起，开播仅两个多月就跻身2021金视榜年度影响力人物30强！他曾帮助过视频号训练营的两位残疾人学员，但当时与我的交流却很有限。

他有次听到我老妈唱样板戏后给了挺高评价，随后看了我的书也受到触动，竟默默下单了10本，并将之作为他直播间抽奖的礼物。

这天我的主题直播嘉宾分享完毕，化身为阿甘的肇成哥和设计师老蔡连麦上来。他俩赞扬了我的顽强精神。这是我直播间第一次出现两位52级主播同时连麦——咱也成了有"大哥"守护的人了哈。

"曲晶虽然受疾病影响不能微笑，但她其实挺幽默的。她书里的故事很感人，诗也写得好。今晚，我就为朋友们朗诵曲晶的一首小诗——《飞翔的蜗牛》，如果你授权，我还打算到其他直播间去朗诵，让大家都知道有这样一位不向命运屈服的'渐冻人'"。肇成哥特别真诚。

"我是一只笨笨的蜗牛/梦想到很远的地方流浪/世人明目张胆地笑/仿佛，蚂蚁要绊倒大象/……"

伴着音乐，肇成哥深情又富有磁性的声音从心底流淌而出。这首诗我曾朗诵过许多遍，而这个夜晚听着他用心地诵读，眼前浮现出许多过往，自己竟忍不住流泪了。

肇成哥朗诵后，老蔡献上祝福。

老蔡也是我视频号训练营的同学，他和肇成哥是好哥们儿。我对老蔡的才华有耳闻，不过之前没去过他的直播间。他为我演唱了一首《往后余生》。

“在没风的地方找太阳/在你冷的地方做暖阳/人事纷纷你总太天真/往后的余生/我们陪你/……”

歌声温柔似水，又似暖阳，不热烈，却有穿透力，令人沉静踏实。其中一句歌词有改动，把“往后的余生，我只要你”，改为“我们陪你”。一句话，一生情，我心已足。

“此心安处，是吾乡”。

我平时直播，3 个小时左右就累了。而那日晚上的直播，有众多朋友们的陪伴和助力，视频号也有推流，共有 4000 多人进过我直播间。我与伙伴们毫无芥蒂地交流着，不知不觉间已接近零点，但我毫无倦意，内心被美好和幸福包围，进入心流状态。

我睡下时已零点半了。一夜好眠。

转天，我去朋友直播间致谢。从此，对肇成哥和老蔡有了更深入的了解。

肇成哥事业有成，也是位有高度担当的人。我曾听萧大业老师讲过张肇成在 2021 年 7 月 20 日郑州遭遇特大暴雨时的义举。

那天下午 3 点左右，肇成哥发现身边小区地下室有雨水倒灌的危险，水位持续上升，情况十分危急！他第一时间电话联系物业，对家人略作安顿后就赶到物业公司，一边协助工作人员通知业主到地下室往外挪车，一边调集小区防洪沙袋搬到地下车库入口。

在他的带领下，许多业主纷纷加入了此次守护家园的保卫战中。大家一袋一袋地传递沙袋，爱心一点一点地堆积。在大家持续一个多小时的努力下，终于阻挡水流倒灌，最大限度地避免业主车辆受损。紧急救援告一段落，肇成哥才发现自己的衣服、鞋子早已湿透。下午5点暴雨持续中，肇成哥又买了方便面、矿泉水和蜡烛，带着家人给小区的业主们送生活物资。

这一天，他的公司也需要抢险，而他公司的员工在这位董事长缺席的情况下平安度过。这便是一位勇敢担当的男人和他带出团队的素质！他为人处世的风格让我深深折服。

在肇成哥的直播间，他又赞扬了我的母亲。随后谈及他母亲的去世对他的打击巨大，曾陷入重度抑郁，一度无法工作，瘦得只剩下90斤。他走路腿打颤，拄着棍，坐飞机回老家，在机场摔倒，后来由工作人员搀扶。当老父亲见到脱了相的儿子，抱住他痛哭失声……

铁人也有如此柔情的一面，我的内心不觉为之一振，也有为他心疼。

后来他讲到了我和《飞翔的蜗牛》，并帮我义推这本书，他希望更多的人能了解到我和我的书。他的善意通过小小的手机屏幕温暖了我的心。

再说老蔡。他对我的来访表示很开心，让直播间的"菜团子"家人关注我。"曲晶，收到你的书我就开始看了，已经看了一半。你的文字真诚，有许多地方打动了我。我之前读过你的小诗、前言，我觉得后记写得也很好，就给直播间的家人们读读。"说罢就找了背景音乐，开始朗读。

他的声音中有种魔力，让我觉得自己原本平常的文字变得灵动起来，仿佛会跳舞、会飞翔。他读出我心底对自由的渴望，对生命中真善美的感恩。我不觉在老蔡的声音中沦陷了。

老蔡名叫蔡仕伟，来自台湾，是一位很厉害的美学专家。他二十几岁就到北京谋求发展了，搞设计拿了诸多国内、国际大奖。如今，他活成了才华横溢的斜杠大叔：设计师/ 独立出版人/教授/硕导。他爱好生活美学、艺术、创意，对传统文化、品牌设计、民间美术与手工都很有研究。他的房间里有各种有趣收藏品，包括古旧的图书和唱片、碟片和小物件等。

他戏称自己是被设计耽误了的歌手和厨师。老蔡直播间吸引了一大票粉丝，除了奔他的歌声而来，还为他出色的厨艺。经常傍晚时分他要做饭了，那些人还不肯离去。老蔡就开着直播进入厨房，淘米声、洗菜声瞬间传到粉丝耳朵里，他间或聊几句。有一次他做好一条鱼，开了镜头，边吃边播。他做的鱼看上去相当诱人，隔屏吃不到，我只好送他两个字：坏银（人）!

他对许多事务保有强烈的好奇心，幽默风趣，他爱把声卡调成变音效果逗人。“妈耶！这一天天的”这句口头禅，我后来听到许多主播模仿。

2022 年 5 月 29 日是老蔡 52 岁生日，他在直播间的云生日会来了许多好友。说到动情处，老蔡不禁泪奔。

我来视频号不到一年，认识了许多有趣有料有真性情的人，与其中一些人还成为好朋友。因为彼此的关爱和温暖，我的幸福感持续升温。用文字做一些记录，愿意分享和传递这份喜悦与精神的富足，往后余生，感谢有你们。

第三篇　梦之巅

每个人心里都会有一个个梦想。梦想，不能只是想想，重要的是树立目标，出发、践行，勇于圆梦。哪怕经历一次次挫折与失败，所有打不倒我们的，都会让我们变得更加强大。人生不设限，方能精彩无极限！

 欢乐中国行，助我圆梦大学行

藏在心底的一个梦

在很小的时候，我就知道自己与别的孩子不一样，老爱摔跤，膝盖、胳膊肘总带着红色或紫色药水的“涂鸦”。到了小学高年级，右腿明显无力，须用手撑在大腿处站立，身子越来越斜。有些淘气的小孩专爱模仿我走路的样子，还说着自编的顺口溜起哄羞辱我。我伤心过，但不会去跟人打架，只是暗中更加刻苦地学习，立志做一个品学兼优的学生。

在很多年里，我在全班的成绩总是名列前茅。初中三年级那年冬天，在我们举家搬迁，即将告别内蒙古转学到秦皇岛前，老师和同学们说:“曲晶，你以后考上大学一定告诉我们!”

可我没有上大学，甚至没有上高中。1989 年，中考成绩公布，我的分数比市重点高中一中的录取线高出一百多分。然而，因为听说过太多优秀的残疾考生被拒于高校门外，我无奈之下选择上了秦皇岛市一所财经中专。

毕业后，拄着拐杖的我被分到一家福利厂任会计，两年后，便完成了大专自考，1999 年又考取了会计师。可就在这时，工厂濒临破产，而肌病的恶化使我行走和上下楼日渐困难——我终于被困在家里，成了蜗居动物，成了一只慢吞吞的蜗牛。

多少个长夜，我睁着眼睛自问今后的出路在哪里。

网络呈现出一个丰富多彩的世界，也改变了我的人生轨迹。2004 年初，我与病友们创办“精彩同行”公益网站，生活重新充实起来。

2005年，我被评为"感动秦皇岛年度人物"——其实，我要感谢太多的人给了我感动与力量。

我给自己的网名取名"E梦飞扬"，因为在艰难的人生旅程中我始终没有放弃梦想，可无缘上大学这件事一直是今生无言的痛！一个偶然的机会，本市河北科技师范学院欧美学院的两位学生对我作了一个小访谈，激起我深藏内心的一些渴望——如果有可能去体验体验大学生活，哪怕只有一天也好啊！

有人说："当你真心渴望某样东西时，整个宇宙都会联合起来帮助你完成。"我没想到，不久之后我真的走入了大学校园，在2007年7月12日！

央视来"突袭"，行动先保密

2007年7月10日傍晚，海港区宣传部的马科长通知我中央电视台第2天要来我家采访，更多情况却不肯透露半个字。

次日下午，《欢乐中国行》的外景记者们果然来了，青春靓丽的女主持人张蕾笑吟吟地出现在我面前！

我以为自己第一次面对电视镜头会不知所措，可实际上与张蕾交流时，我们竟像朋友聊天一样。她问我身患如此绝症，有没有想过放弃自己。"生命只有一次，蝼蚁尚且惜命，我为什么要放弃呢？"我说起这种病的残酷，更多地谈起的是那些可敬、可爱的病友们，希望社会更多地关注这个群体。

张蕾赞赏我与病友们精彩充实的网络生活，转话题问："我知道你原来学习成绩很棒，如果身体健全，考大学不成问题。不知你在现实生活中有什么心愿和梦想？或许我们可以帮你完成。"

拍摄告一段落后，当晚10点，丁小鹏导演来电话："明天下午，我们打算带你去一所高校。"哇！一股幸福的暖流涌遍全身。前一晚我并没因央视要来拍节目紧张得失眠，听到这个消息却兴奋得睡不着了，直到鸟儿在晨曦中鸣叫，我才浅浅眯了一会儿。

当时，秦皇岛正在举办“秦皇望海求仙节”，《欢乐中国行》来到我们这里做节目，孙楠、容祖儿等歌星也会在节目中倾情演唱。我竟有机会成为“欢乐梦想”版块那个幸运的追梦人！

圆梦进大学

7 月 12 日，多云。下午一点半，一辆面包车停在门口。父亲将我背下楼，一行数人向着欧美学院校区进发。

下了车，有几位同学来迎接，包括校学生会主席和宣传部长等，他们充满着青春的朝气。

几位大学生推着我在校园漫步，红白相间的建筑呈欧式风格，环境幽雅。教学楼主楼墙上刻着校训“敏学、修身、乐业、创新”。边走边聊，我这个“好奇宝宝”不时提些问题。欧美学院是河北科技师范学院的分校，建校才 5 年，与加拿大联合办学，在校生 5000 多人。

书是人类进步的阶梯，我们第一站就是参观校图书馆。一排排开放的书架，各种图书令我怦然心动。张静同学向我推荐了《哈佛女孩》。我听说过那位名叫刘亦婷的姑娘的故事，她不仅学习刻苦，而且能力超强。

民以食为天，我们接下来参观校食堂。那里餐桌、座椅整洁舒适。我上中专那会儿，可没落座就餐的条件，全围桌站着吃。记得我当年每月伙食费仅 30 元。当时下课铃声一响，同学们百米冲刺般往食堂奔，穿高跟鞋的女生都丢掉了矜持。那时刚大学毕业的沈老师给了同学们充分的理解，帮着解嘲：“吃饭不积极，思想有问题。”哈哈，如今他讲的课我多半忘了，唯这句话让我觉得仍十分鲜活。

欧美学院重视英语教学。我当年上学停留在“哑巴英语”阶段，因此参观语音教室时倍感兴奋。每个课桌上都有一台语音设备，戴上耳麦可以与老师互动，进行听力、口语练习，还能点播英语教学片。我也戴上耳麦，老师用英文提问，我感到既新鲜又紧张，勉强听懂几句。语音教室不错，只是过道太窄，几次将我的轮椅卡住——估计学校没招过坐轮椅的学生，在无障碍设计上存在不足。

在一排教室前的走廊处，出现一条“国经贸06级热烈欢迎曲晶同学”的横幅。张蕾俯下身，像个魔术师，变出一本红色的荣誉证书，带给我第一个惊喜：经学院研究决定，特批准我为荣誉学生！

我差点儿泪奔，张蕾又展示了第二个惊喜。Oh，my God！是一个学生证，也就是说，我成了欧美学院的一名学生！

“凭学生证，以后我可以来图书馆借书了吧？”我的话逗乐了旁边的人。张蕾笑道：“哈哈，看来你对大学生活很熟悉嘛！没错，你可以来借书了！”有同学接着打趣：“有这证你买火车票都能打折了呢！”

感谢与期待

电影《阿甘正传》中有句经典台词：“生活就像一盒巧克力，你永远不知道你将得到什么。”

我离开学校已十几年，没想到有朝一日能出现在大学的课堂上！眼前是一张张洋溢着青春和微笑的面庞。黑板上一行板书遒劲有力：“动力源于勤奋，动力源于创新”。

这是一堂大学心理课的团日活动课。吴子国老师走上讲台，向同学们介绍我这位特殊的同学，教室里爆发出热烈的掌声。同学们欢迎我以后来学习交流，他们会组织志愿者帮助我，一届毕业了还会有新生接力。我太感动了，不过这是否意味着我总毕不了业了呀？但这是一个终生学习的时代。我外公活了97岁，曾是北京大学第一届物理系毕业生，做过多年教授，他90岁时还希望能重回北大上学呢！

课堂气氛活跃，几位同学畅所欲言，老师让我也谈谈感想。

能来到大学校园和同学们中间，我非常荣幸，我感谢社会的关爱帮我圆了一个梦。可我还有许多病友初中时就因病辍学，严重者甚至从没上过一天学！他们也渴望拥有知识和伙伴，也有美丽的梦想，但上学对很多病友来说是一件多么奢侈的事！

期盼社会和学校可以创造更良好的软硬件环境和无障碍设施，那样才会有更多残疾学子能够走进高校，通过知识改变命运，回归主流社会。“同一个世界，同一个梦想”，无论残健，人们都有同样美好的追求与梦想，弱势群体需要关注和支持，给我们一个舞台，我们会还给世界一份精彩！

肌病不仅让我四肢无力，还影响了我的面部表情。我无法微笑，也不够美丽，可心底依然充满激情和向往。我知道自己是代表无数病友和残疾人来体验并发出呼吁的。

吴老师代表学校赠送给我一张歌手王啸坤的签名专辑。王啸坤同学毕业于欧美学院，获得了“2006雪碧我型我秀”年度总冠军并签约唱片公司。他专辑中有首主打歌是《带我去寻找》，是寻找梦开始的地方吗？

从教室出来，来到英语角。可惜我的英语听力 very poor，仅能勉强听懂些片段。我问外教来中国多久了，从埃及来的 Musa 老师用汉语回答：“两年多了。”我又问他对秦皇岛的印象及暑假有何安排等。有同学帮我作了翻译。

为了帮我实现一个小小的心愿，很多人在努力着。电视上的片子仅有短短几分钟，他们私底下却做了大量的工作。我心中充满了感激，多次道谢。

当校园里洒满夕阳的碎金，我与同学们依依挥别。年轻真好啊！青春易逝，寸金难买寸光阴，每个人都应该珍惜。

张韶涵在《隐形的翅膀》中唱道："每一次都在徘徊孤单中坚强，每一次就算很受伤也不闪泪光。我知道我一直有双隐形的翅膀，带我飞，飞过绝望……"

我终于看到了梦想开花，爱、希望与坚强，就是那隐形的翅膀。

身患绝症，我行动艰难而迟缓，如同一只背着重壳的蜗牛，但因有了隐形的翅膀，蜗牛也会飞翔，飞翔于梦想的天空！

以备战的姿态来筹备旅行

我曾经迷恋台湾女作家三毛，沉醉在她富有传奇色彩的流浪故事中。若能像三毛那样丰富地活一回，哪怕生命短暂些又何妨！

重残后，我就像一棵没有脚的树，却偏偏恋上远方。世界那么大，余生不长，"渐冻"的我也想去看看。

终于，在2010年春，年近七旬的双亲决定带着寸步难行的我，去圆这个有些疯狂的梦！作为北方人，我一直向往着能在江南的烟雨中一醉，华东就成了首选。

想想这是我和父母几十年来第一次共同出游，心中有种难以名状的兴奋。因为这第一次很有可能也是唯一的一次！

我们仨是名副其实的"老弱病残"组合，不可能跟团，只能选择自助游。一不留神，咱也时髦一把，成了"驴友"。父母年迈，体力和退休金都有限，我们没太多银子去铺路，只能未雨绸缪、精打细算。

“山人”向来不涉险，这回没什么社会经验的我，主动请缨担当这次“南巡”的总设计师！曾国藩说：“世间事，一半是有所激有所逼而成。”不逼急了，你或许永远不知道自己有多优秀！

因为预见到“长征”中不乏艰难险阻，“赌”不起，我是以备战的决心和姿态来筹备这次旅行的！奔着江南的 4 月天而去，我这笨鸟从 3 月初就开始筹划。

本人系资深路盲，在家原地转 3 圈都要想想哪边是北，就这样一个活宝愣研究起了地图。经过反复甄选，我圈定了杭州、上海、海宁、南京等地。这些地方风光秀美、文化底蕴深厚，有我想去探访的亲戚和好友，无障碍环境也相对良好。我征求父母意见，老爸又增加了无锡、苏州和老家烟台，就近再逛一下青岛、蓬莱，返程时在北京住一晚。

如此一番盘算，乖乖，竟选了 10 个城市，行程近万里！我的心一跳一跳的，这个梦想有可能完成吗？

有了父母的支持，我渐渐稳下神来，只要肯用心，办法总比困难多！

没经验，找高参嘛。我去向牛人邹昉（网名“老鬼”）请教。若问此高参有多高？不足一米五！并非他个子矮，而是坐在轮椅上就这“海拔”了。

出去旅行请位截瘫患者做参谋，乍一听匪夷所思，其实不然。要说这位，可不是一般的残疾人，他被圈内人士誉为“轮椅上的徐霞客”！邹大侠每年常有数月独自外出旅行——注意，是独自——“轮迹”遍布了全国所有的省、市、自治区，近 200 个城市！他写下大量游记，并策划组织了多次残友聚会出行……“老鬼”有如此超凡的表现，确实如其网名，不像人类所能。

“老鬼”很快根据我的大致设想，给了初步方案，上海的恒乐表哥也提供了一些不错的建议。

生在信息时代，“秀才不出门，便知天下事”不再是痴人说梦了。网络就是最给力的助手！QQ、Email、Skype、电话，我与异地亲友进行了大量的协商和沟通。这要是在古代，交通不便，跑马传书，40 岁开始商量，等都定好没准头发也白了。

我“百度”了大量资讯，重点访问了携程旅行网，果然收获颇丰。输入想去的省、市或景点，相关资料就欻欻欻地蹦出来，像什么文化背景、地图、景点简介、交通情况、周边的酒店、特色美食……其他“驴友”的游玩攻略和点评也比广告更可信。

我网购了一些商品以及准备送给亲友的小礼物，还学会了通过专业网站选择、预订合适的酒店和打折飞机票……这些努力不但使行程更顺利、更让人安心，还为我们省了不少“银子”哩！

因无法站立行走，我最担心长途旅行中上厕所不便。带坐便器的轮椅十分笨重，于是买了成人纸尿裤备用。可测试小便时我总是弄到外面，哇呀，崩溃到想放弃出行。又一次严重失眠时，我愣憋出一个主意！找来大可乐瓶，剪去一多半，留下靠瓶口的 10 厘米，用胶带粘贴切口，使之平滑。通过这个小装置将尿导入下方的塑料袋中。耶！终于不外溢和侧漏了——这于我，是解决了一个大问题！

通过近一个月的精心筹划、多方联络，我渐渐排定了行程。准备了服装、应急药品、手机、现金、银行卡、信用卡、数码相机、充电器、折叠伞、雨披……

这份旅行计划书，最后打印出 5 张表格：出行总表、交通表、住宿表、景点表、费用预算表。交通表中列出了城市间适合的车次、出发及到站时间、票价等；住宿表包括了各所经城市初选和预订的酒店名称、位置、电话等，随时可查。

聚焦和简化是“苹果”之父乔布斯的成功秘诀，他说：“简单比复杂更难，你必须辛勤工作厘清思路并使之简单化。”于我来说，将复杂的出行计划最终落定到5张表上，也是一次有益的尝试。

知识与智慧不同。智慧就是亲自去做。这是我从电影《和平战士》中学到的。里面还有一句台词：“抛弃杂念。那些杂念让你无法全神贯注。此时，此地，此刻。如果你真的活在当下，你会为自己的表现大吃一惊。”筹备出行的日子，尽管辛劳，但我的自信与能力也在提升。

我相信：自助者天助，自助者人助。

鼋渚樱醉

是谁，在烟雨中，将一把褪色的油纸伞撑了千年？是谁，用一腔诗情歌颂过人间4月天……

2010年春，年近七旬的父母带我圆梦。我们长途旅行的第一站是无锡——外婆的故里。老人已离世多年，却是我深深崇敬的亲人。

《太湖美》的歌声伴我长大，对之，我早就心生神往。郭沫若先生有诗云：“太湖佳绝处，毕竟在鼋头。”

鼋头渚不仅风光秀美，还是著名的赏樱胜地。每年3月下旬，3万多株樱花竞相开放，美若人间仙境。从千里之外赶赴一场与樱花的约会，于我，也够浪漫了。

碧波荡漾的太湖水为我洗去风尘与疲惫，使我的灵魂也变得澄澈。我第一次坐船，欣赏着浩渺的烟波和朦胧的仙岛，试想当年范蠡归隐后与西施在此泛舟的快意，不禁感叹。范蠡真是古今少有的智者！

我坐着轮椅，尽管不能沿十里芳径漫步，身边仍不乏美景。遇少量台阶横路，每每有热心的游客伸手搭一把——谢谢了，来自陌生人的善意。

秀丽的长春桥掩映在花海中，双眸立刻醉了。

一朵樱花是素雅的，不十分打眼，可千万枝粉白的花连成片，就烂漫至极了！我竟一时看得痴了，搞不清是云霞恋上枝头，还是天使之翼误入凡间。

水榭边，有座古色的长亭。亭中，一位身着古装的红衣女子，正低眉弄箫。清音袅袅，幽婉动人，只听得一湖春水，皱出圈圈心事。俏皮的春风路过，也愣住片刻，似想起什么，也鼓鼓腮，添了一段和弦。

最妙的是樱花伴舞。飘落的花瓣雨，纷纷扬扬，美得像一个梦。也许，这是花儿生命中最后一支舞，才那样优雅、炫目、零落、凄绝……

昨日一场大雨，惹得落英缤纷。草地上、湖面上都留下花瓣的亲吻。"红消香断有谁怜？"若黛玉至此，恐早哭成一个泪人了。我的一位女友也曾感慨："花儿美丽一季，芬芳一时。若得惜花人，幸也；若不得，不过是命。"

不知何时，眼里渐有雾升起，浸湿了灵魂的阡陌。据说，每朵樱花从开放到凋谢不过三五天时间，短暂的绚烂后便壮烈地凋谢，令人心疼。看那落樱吻着春涛和大地，分明写满了眷恋。

死在最美的一刻，是幸还是不幸？

我想，樱花是无悔的，因为它们已用最热烈的生、最纯洁的美，拥抱过春天。

这天夜里，酣睡正浓。恍惚间，一缕箫音悠然入梦。我循声出门，赤着脚，并不觉得寒冷，倒是从未有过的轻快！我竟然忘了，数年前自己就已和轮椅永久地绑定。

四下寻觅，未找到吹箫人。只疑似这箫音是从前世穿越而来，有种莫名的熟悉。

带露的樱花，在月下鲜亮欲滴。风醒着，吹起我黑色的长发和红色的纱裙。

月光如美酒。平生，第一次喝醉。在漫天的樱花雨中，我不停地飞旋，飞旋！将火红的云裳，舞成一团烈焰！

“苏州花痴”

年迈的父母坐轮椅的我出去旅行，不远万里，我曾为此写过一篇文章，叫《三个人的“长征”》。其实在远行中，我和爸妈并非孤军奋战，而是得到了众多“友军”的大力支援！有来自亲人朋友的热情接待，也有素昧平生的路人伸手相助，带给我们的不仅是感动，更有勇气和信心。

今天要讲的这个故事，自苏州留园而起，在那里我邂逅了“苏州花痴"，与老颜成了忘年交，只是最后的结局令人扼腕……

1

2010 年 4 月 13 日，父母带我逛了拙政园、苏州博物馆，来到留园时已近下午 3 点。

留园并不大，但在中国四大名园中占重要一席！它的建筑布置甚为精妙，擅长以小见大，充分运用空间、大小、方向、明暗、高低的变化，营造出无穷的意趣。园中浓缩了山水、田园、山林、庭园等秀色，层次丰富、错落相连，具有独特的艺术魅力。

有人说，能称为艺术的，必然有其灵魂，否则就只称为技巧罢了。

留园的几代主人皆为"石痴"，专好搜罗奇石。园里遍布着形态各异的石头。最著名的当属高 6.5 米、重约 5 吨的太湖石，名曰"冠云峰"。珍藏在"五峰仙馆"内的大理石天然画座屏也令人叹为观止。

我们边走边欣赏。园内台阶不少，经常需要请人帮忙抬轮椅。眼见黄昏将至，我们准备出园。可是附近的出口在维修无法通行，只能先登到假山顶上的"闻木樨香轩"，再转下来，绕道出去。

闻木樨香轩位于中部西首的假山之上，种了许多桂花（即木樨花）。父母上轩查看，长长的爬山廊弯弯曲曲，既窄又陡！他俩累了大半天，已无力抬我上下。而此时，园内的游客也较为稀疏，身边未见有年轻力壮者。怎么办呢？

愁眉不展之际，一位路过的阿婆停下说："姑娘，别急，我来帮忙！一起使劲儿，肯定能把你抬上去！"我们心头一热，可老阿婆已是花甲之年，万一有个闪失可不得了。这时，过来一位黑黑瘦瘦、看上去有 50 多岁的先生。问明情况，他一个劲儿道歉："对不起呀——这边本来有通道的，因维修过不去了，给您造成不便，是我们苏州对不起您！我熟悉路，走假山这边，我帮着抬。”代苏州道歉？先生言重了。

轮椅推到石阶前，父亲、那位先生与阿婆的女儿抬起我，奋力向上攀登。路窄时，老先生深深弓下腰，小心翼翼地，生怕我磕碰一点儿，他却相当吃力。好不容易到达轩顶，几人并未停歇。下台阶更须当心，下面的人需退着走，步步艰难……

终于到了平地，几个人累得喘息不止。我眼睛有些湿润。尽管未闻到桂花香，但这人间真情真爱散发的馨香，更沁人心脾。

经过“明瑟楼”时，我和父母被一段评弹曲吸引住了。昆曲和评弹都是苏州人的最爱。母亲上大学时还学唱过一小段评弹《蝶恋花》哩！

“恰杭”如同一条船，古色古香。两位艺人，男子穿青色长袍，手持三弦，姑娘一袭粉色长裙，怀抱琵琶，袅袅婷婷。两人自弹自唱，声腔细腻委婉。

我们在此驻足，耳边妙音缭绕。放眼望去，碧波荡漾的池水、秀丽的假山、流翠的林木和精巧的“可亭”构成一幅绝美的画卷。

“这里风景好，我给你们拍张合影吧！”那位苏州先生送我们至此，并未离去。画面定格，山石树影倒映在一潭柔波里，笑容也绽放于春光中。

“先别动，再来几张！”他变换着角度，又用自己的单反相机为我们拍摄，说以后用 QQ 发给我。

这位先生是位“老苏州”，深爱园林和花花草草。因十分仰慕冯梦龙笔下爱花如命的秋翁，于是给自己起名“慕秋翁”，更有个别号：“苏州花痴”！

“希望以后我能像秋翁一样，拥有一个自己的花园，培植一些珍稀的当地特色植物。我已经在太湖的三山岛上选了个地方，打算建大棚，欢迎你们再来苏州时到那个小岛上看看!”老先生真诚地向我们发出了邀请。

“也欢迎您以后到秦皇岛来!”

“我还要几年才退休，有机会一定去!”

2

二十多天后，我结束旅行回到家中，现代“秋翁”把为我们拍的合影传过来。他诚恳地说:“小曲，很高兴认识你！也许我的想法和某些人不同，帮助你不是只为做好事，而是看到你虽然残疾，依然对生活和大自然充满热爱，这让我敬佩！你父母也很了不起!”

我们俩通过网络有了更深的交往，渐渐成为忘年交。

旅行中，最感动和难忘的时刻往往出自意外，去遇见未知的快乐，意外惊喜是对旅行者额外的奖赏!

原来，这位“苏州花痴”并非一般人，而是位醉心于园林花草的园艺专家！他本名颜世和，他不让我喊他颜老师，说直呼其名或叫他老颜就好，我只得遵命。

老颜的网络空间绽放着许多他拍摄的缤纷花朵。因为爱花，他骑着单车跑遍了苏州的角角落落——投入了大量精力和心血，还倾其积蓄研究苏州水仙、龙脑薄荷及珍稀古木“孩儿莲”等，呼吁拯救这些珍贵的当地特色植物……

老颜有次讲到他的爱人，动情地说妻子这些年跟他没少受苦:“她人很好，总是默默地支持我。因为我搞研究要花钱，家里挺穷的。我家只有一样东西多，小曲你猜猜是什么?”我问:“是花草吗?”他摇摇头:“不对！我家的花草并不算多，没那么大地方啊。”“那一定是书喽!”这次我猜对了，他家里园林和植物方面的书非常多。

在苏州东山雕花楼小花园内，有一株超过360岁的古树，盛花期间，如万绿丛中悬挂着万盏红灯笼，煞是喜人。这株“江南第一树”就是由老颜发现、考证后被世人认知的孩儿莲古木！孩儿莲娇小玲珑的花形如莲花、花色红润像孩子的脸。

他看好太湖中某个小岛，自费租下了农民撂荒的土地，搭起大棚和一座活动板房，想在那里培育和挽救那些珍稀的植物，同时也能为岛上已经开发的旅游项目增加些亮点。但他的声音和努力在这个浮躁和急功近利的时代，显得那么微弱。

这位“苏州花痴”身上满是老式知识分子的痴气，单纯得像个孩子。他倾尽所有搞研究，但不懂世故，得不到支持，还被一些唯利是图的家伙排挤、打击。2011年，他用于搞研究的大棚和活动板房被责令拆除，痛心疾首的老颜病倒住院，棚中的物品被哄抢待尽。那个承载过他梦想的小岛，他心中的世外桃源，最后竟成了他梦断魂殇之地！

后来老颜被诊断为肝癌，两年后转移扩散。2013年4月17日，他离开了这个他没法适应也搞不明白的世界。

当从他爱人口中得知这个消息时，泪光中，我又想起老颜的座右铭：“花草有情终为伴，返璞归真是仙人。”老颜，一路走好！你已成了仙人，在天堂里，可以尽情地营造自己喜爱的花园了，那里的花儿四季盛开……

 陪你一起看草原

宝蓝的空中，云朵自在游走。草原铺开无垠的绿毯，绵延至天

际。彩蝶纷飞，毡包和羊群宛若盛开的白莲花。随着一阵清脆的铃铛响，少女策马而过，悠扬的牧歌比百灵更美妙。渐渐远了，那红色的斗篷迎风飘扬，化作一朵舒展的红云……

从小到大，这是我常做的一个梦，渴望风一般的自由。然而，一种罕见的"渐冻症"像无形的巨蟒，将我越缠越紧，直至四肢无力，寸步难行。"小蜗牛"缩进脆弱的壳中，随时可能被命运的大手捏碎。

若在有生之年能圆梦草原，该是怎样的幸福啊——哪怕，只一次！

终于，在白发父母的陪同下，我们回到阔别二十几年的内蒙古。

小学同桌文接站时，见到我坐在轮椅上连手臂都无力抬起，难掩惊讶与心疼："上学那会儿，你有时会摔倒，但还能骑自行车的呀！"在他心底，我被定格于拄拐跛行、成绩优秀的女孩形象——尽管他早在电话中知我病情恶化，面对面时仍难以接受。

老同桌放下工作，陪着我们在呼和浩特市玩了3天。随后，他借了辆宽敞舒适的越野车，带我们前往辉腾锡勒草原圆梦。开越野车有些难为五短身材的他，为看清前方路况，他不时要欠下身子。

一路笑语盈盈。我俩听着车载音响仍不过瘾，便纵情放歌，一曲又一曲。"因为我们今生有缘，让我有个心愿，等到草原最美的季节，陪你一起看草原……"

辉腾锡勒草原平均海拔在2000米以上，属高山草甸。越野车不断爬高，风变得凉爽起来。越来越浓的绿色扑进眼帘，一排排白色的风力发电机矗立在湛蓝的天空下。遥望连片的蒙古包，我不由地心跳加快。

丰沛的雨水滋养了大地，青草繁茂，芬芳沁人心脾，红的、黄的、紫的野花星星点点，俏皮地眨着眼睛……美丽的草原，敞开母亲的怀抱，迎接远方的游子。走进那个多彩的梦，我有些恍惚，有种说不清的前世今生之感。

文将我从车上背下来，放在一处松软的草地上。我出门离不开轮椅，难得像这样以天作幕以地当席。阳光洒满周身，轻风拂过，芳草摇曳，如麦浪般起伏。草原深处，白云之家。我正神游，文跑过来，将他用野花编的花环戴在我头上。“真美!”文的眼睛弯成月牙，眸子中映出我红了的脸。他如玉的牙齿闪着光，笑起来还如少年时一样好看……

吃罢手扒肉，爸妈爬下黄花沟去欣赏地质公园的美景，文则开车带着我和他儿子去找马场。对于我这个有些疯狂的念头，他没表达顾虑和不安，只说:“行，这次一定帮你圆梦!”可连寻了几处，除了收费高，人家根本不敢答应让一个四肢无力的人骑马。文百般央求，总算有个汉子牵了匹棕色的高头大马过来。

可怎么上去呢?身高仅一米六的老同桌奋力将我托举起来，马主人在旁边搭了把手。哇，我终于骑在了马上!马动了一下，一种奇妙的感觉油然而生，但我无法控制，身子随之一晃，汗便湿了后背。为了防止我栽下去，文跟着跨上马背。他努力向前探出双臂，抓牢鞍上的铁环，将我紧紧地箍在中间。

兴奋和紧张，我胸口如小鹿在撞。“放心吧，有我在!”这个昔日的小个子军人让我安下心来。

我和文缓缓地行进在草原上，几头老牛悠然地啃着青草。阳光如琥珀般柔和。抬望眼，那无边的翠色，轻轻流入天边的云际。

尽管我没能像梦中那样，在草原上策马驰骋，但终归战胜了恐惧和困难，好梦成真!

当我将照片分享于网络，好友们纷纷惊叹我胆大，居然真的实现了在草原骑马的夙愿。魁梧的小学男同桌强笑道："季文利抱你上去的？他还没有马高哩！你们真的很勇敢，黄花沟我去过很多次了，都没敢骑马……"

草原上天气变幻莫测。乌云听风吹起哨子，迅速集结。山雨欲来，文下车抽烟，忽见附近草地上一片小黄花很漂亮，便打算抱我下去拍照。我望望如墨的乌云，仍没禁住这浪漫的邀约——即便浇成落汤鸡，又有何妨！之前骑马，我也做好了万一坠落亦无悔的心理准备。

被文抱着疾走了几十米，终于坐在铺满黄花的草地上。身后乌云翻滚，我俩会心微笑。此情此景，今生不可复来。

拍完照，老同桌从地面抱我起来走回车里就更费劲了。他咬紧牙关坚持着，短短的路程变得那么漫长，雷声轰隆，文的喘息越来越粗重。还差10米，他有些支撑不住了，疾呼他儿子过来帮忙。我们刚坐进车里，雨点儿就伴着冰雹噼里啪啦地砸了下来。恰好爸妈也及时赶到会合处。

一切，都刚刚好！

天地间，好一场豪雨！车子在泥泞的山路上轻微颠簸，雨刷来回摆动。

"曲晶，咱运气真不赖！听说今年辉腾锡勒的草是10年来最好的，我都没想到草这么茂盛！"文边开车边感叹。"那是，谁让咱人品好嘞！"我故作轻松，说罢这句，却鼻子一酸，猛然哽住。

幸福、自豪、眷恋，某种甜蜜与忧伤将我包围，我欲语还休。表面淡定的我，内心早已波澜起伏。终于有什么决堤了，尽管慢了好几拍，那一刻，我终于泪落如雨……

以梦为马，不忘初心。

"人的一生总要疯狂一次，无论是为一个人、一段情、一段旅途还是一个梦想。”

我的身体虽然被“渐冻”，但没有什么能冻住真爱和梦想——当你真心渴望做一件事的时候，整个宇宙都会帮你完成！

有一种相遇，比樱花更美

数年前，我的心被太湖鼋头渚缤纷的樱花雨打湿，写下一首小诗《醉舞飞花》以示对之喜爱之情。樱花以短暂的生命燃烧，至纯至美。而让我更念念不忘的，是一种相遇，一份缘，它比樱花更美，更真，更绵长……

真诚的文字是有生命力的，它自带磁场，会吸引志趣相投的良师益友。2014年经刘飞鹭引荐，我加入了陈清贫老师创办的写作网校，走进温暖有爱也有料的“陈家大院”。

这所创办于2008年的网校汇聚着许多热爱写作的人，且有不少媒体编辑和作家任教，培养出一批批优秀的写手，其中一些人出书圆了作家梦或通过写作改变了命运。“总舵主”陈清贫原是武警中尉，意外受重伤后转业，应聘进了当时十分畅销的《知音》杂志社做编辑和记者。他曾荣获2006年新浪中国博客大赛年度总冠军，曾以一篇千余字征文赢得10万人民币奖励，爱好天文创立了“行星撞毁说”的他还顶着其他一大串耀眼的光环。

陈校长广结善缘，朋友和学生遍天下。他除读书、写作、看星星外，还喜爱旅行、摄影，并烧得一手好菜。他以自己的德、智、体、美全面发展，证明了不会摄影的校长不是好厨子！如果你看到这里替我捏把汗，担心我如此调侃陈校长，会不会被这牛人修理？放心好了，陈校长平时就“随和得一塌糊涂”，与学生们亦师亦友，打成一片。“有成功打底，本事越大，脾气越小。”

随着写作网校的规模与影响力不断壮大，学生们都获得成长，青出于蓝，陈校长格外自豪。他仍笔耕不辍，频获大奖，并期待着有朝一日也如孔夫子那样拥有弟子三千！

陈家大院的学生遍布各地及各行各业，每年校长会组织数次笔会，邀大家赏美景、品美食也切磋交流写作经验。寸步难行的我看着眼馋。终于在 2015 年 3 月 20 日，由老妈和翠云姐陪同，赶到武汉参加樱花笔会。

那天晚上，陈老师在酒店前台迎候大家，见到我后亲切地打招呼，和我握手，俯身蹲在我的轮椅边合了张影。《老子》有言：“水因善下终归海，山不争高自成峰。”放低姿态更体现格局，是一种大智慧。

从火车站把我送到酒店的是张平班长。在我当初纠结来参加笔会将拖累老师和同学们时，张哥最早鼓励了我。他曾罹患癌症，几次复发，之前陈家大院组织青藏笔会时，他也顾虑重重，当他终于战胜困难圆梦成功后，不禁喜极而泣。那次经历令他永生难忘。“曲晶，如果有可能就出来走走，特别是与大家在一起，真的会很开心！放心吧，我们都乐于帮助你，订好车票告诉我车次，我去接你！”

为了樱花笔会的成功举办，年近六旬的张平事先多次和陈老师踩点、联络、订票、订餐等。报到日，光接站他就来回奔波跑了 4 次。后来我听说，来接我前他实在累得撑不住，也只是在车上小睡了片刻。他开着车接上我们几位，一路为我们讲解沿途地标建筑。等到宾馆安放好行李，又和邢静静同学一起推着轮椅上的我，去欣赏楚河汉街的夜景。

张平早年下海创业，成为一家公司的老总。但他身上丝毫没有财大气粗的牛气，恰如邻家大哥一般可亲可爱。

接下来的聚会出行，张哥在大巴上为远道来的同学热情解说，风趣又耐心。他身体不太好，但为给大家抓拍精彩的瞬间，跑前跑后不辞辛劳。连日操劳，晚上还要在家照顾瘫痪的八旬老父，后来张哥嗓子哑了，说不出话，还笑着帮助大家，并自掏腰包请老师、同学们吃大餐，去歌厅唱歌。

后来张平累病了，急坏了从河南来的静静。她跑得满身是汗，为她口中的“张爸”买来药，烧了水，看他乖乖地吃下去。18岁的静静活泼热心，情感丰富，上一秒还笑容灿烂如向日葵，下一秒已是梨花带雨。她很小的时候，父母经常吵架，带给她许多伤害。善良的张哥了解情况后，便像父亲一样疼爱和关心着静静。

这晚在歌厅，静静点了一首《父亲》，唱给视她如已出的“张爸”：

“时光时光慢些吧/不要再让你再变老了/我愿用我一切/换你岁月长留……”

情到深处，她泪流满面，几乎唱不下去，一段告白后，她与“张爸”热情相拥。张平大哥也落泪了。在场的人，包括我，都为之深深动容。

来武汉参加樱花笔会的有30多人，美女占据大半江山。公主海燕、校花唐瑭、女神朱思语、秀外慧中王云霞、惊悚女皇红娘子……女人如花，令人赏心悦目，可团队中4位年轻帅气的男士多数时间却围绕一个其貌不扬、冷面如霜的女子转，不离其左右。是谁有这么大魅力和气场，甚至抢了女神的风头？嘿嘿，就是走到哪里都自带凤辇（轮椅）及贴身护卫的“本宫”！

啊，不开玩笑自恋了，有人听得都吐了。几位师兄师弟为照顾寸步难行的我，出力、流汗，就像家人一样。

“四大金刚”之首姓万名涛，在厦门读研究生，笑起来亦正亦邪。别看万涛“海拔”不算高，可身体敦实，是员虎将。他不仅总抢着抬轮椅，背我上下大巴更是一马当先！大巴门很窄，台阶又高，每次万涛都是俯身蹲下，背起颇有些分量的我，奋力攀登通过，再将我轻放于前排座位上。临别时，我签了本我的书送给他以表感谢。

来自天津的范鹏程在陈老师的网校当了一段时间的班委，他讲课很认真，武汉相聚时，我领略了他更多风采。他帮抬轮椅，悉心陪护我，谦虚严谨又幽默豁达，爱写诗，唱歌时更是像个歌手——实力派情歌王子。师生们去汉口游江滩，准备坐轮渡游长江，大部队沿步行道信步而下，可轮椅要通过那既长且陡的坡道很不安全。范鹏程独自推着我，倒退着走旁边的车道，隔几步就有一个减速带，不好推。他“步步为营”，等将我平安带下去后，汗水早打湿了他的衣衫和帅气的脸庞。

汪瑞阳是个看上去瘦弱的男同学，为我“护驾”却毫不含糊。他是陈家大院网校 QQ 群和微信群的管理助手，经常在群里给大家打鸡血，干了一碗又一碗。我前进途中遇台阶挡驾，他总是会伸出援手。在东湖赏樱那天，瑞阳一直细心地陪在我身边。

从内蒙古来的赵宝全，为参加聚会坐了 30 多个小时的火车。他比较木讷，老实厚道且不擅长写作，但用心培养一双儿女，自己也想提升。相聚时，他热心助我。后来我渐渐得知，当有同学因病遇到危难时，对自己抠门的他，却会默默支持，尽一份力。

张宏胜从张家界赶来，几天中也常跟在我左右，热心地帮助我。她的一些经历令人唏嘘，好在终于走出那片沼泽，寻到了生命的绿洲。她送了我两本自己写的书，书中没有华丽的语言，只有历经沧桑后的感悟，朴实中自带芬芳。

我因病不仅四肢无力，还面肌受累，表情呆滞僵硬，连微笑都不能。聚会中有位女生看我总板着脸，不敢接近我。宏胜大姐写了一篇关于我的文章，却偏偏题为《最美的笑容》。她说走近我后了解了我也更加懂我："晶晶虽无法微笑，但发自内心的笑从心底荡漾出来，更为美丽。她用另一种方式来演绎人生的精彩，绽放出生命中最灿烂的笑容……"

人生总有遗憾。武汉的潘琴因工作无法全程参加，但努力尽着地主之谊。我很喜欢这个善良风趣的女子，她明明长得娇小可爱，却常有意放大女汉子的特色，被称为"潘爷"。潘爷表面看上去神经大条，实则内心细腻柔软。樱花笔会进入尾声，我们在歌厅狂欢，她玩了会儿就悄悄"溜走了"。她在QQ空间写道："我喜欢相聚，却害怕道别的伤感，所以先走了——我不希望大家见到自己的泪眼，情愿你们忆起的，都是灿烂的笑容！"

笔会结束，我和母亲、云姐在武汉又逗留了几日，走亲访友，也参观博物馆。潘琴问我哪天走，她要送送，因为我来一趟着实不易。

27日清早，我在武汉火车站等啊等，可快检票了仍不见潘爷踪影。打电话联系她，我差点儿晕倒。原来她起了个大早，还特意买了两盒新鲜出炉的周黑鸭准备送我，却粗心搞错了车站，正在武昌站等我呢！"世界上最遥远的距离，不是我站在你面前，你不知道我爱你；而是我去武昌站送你，你却在武汉站！"看了她的自嘲，我笑着笑着，忽然湿了眼睛。

武汉樱花笔会只有短短的3天，却有许多令我难忘的人和事。篇幅所限，只摘片断来写。老师和同学们给我的爱和感动，将陪伴并温暖我这只"渐冻小蜗牛"以后的岁月。

有着传奇经历的作家、《知音》前编辑赵美萍老师曾说过，"缘分总是为有缘人而存在"。我深以为然。在这因缘际会的人世间，比风景更美的，是爱，是闪着水晶般光芒的心灵与无价的真情！

面对面"借阅"人生

你平时习惯什么样的阅读方式？是浏览报纸杂志、购买或去图书馆借纸质图书，还是在手机、Kindle上看电子书，收听有声书？

阅读越来越多元化了，可以随时随地进行，So easy！那你看过可以冲你眨眼、微笑，能和你侃大山，一起交流生活中各种酸甜苦辣的有血有肉有温度的书吗？你是否听说过真人图书馆（living library）？是否了解什么是真人图书以及他们正确的打开方式？

很有幸，我参加过好几次真人图书馆活动，还作为一本真人图书，走进学校、部队，甚至有机会到了北大、清华这样的名校！

秦皇岛首部真人图书

2012年12月中旬，我的文集《飞翔的蜗牛》出版发行，自己有生以来第一次去大学做励志报告。从天津参加文化义工活动归来，我向秦皇岛图书馆捐书，不料机缘巧合，竟把自己给"捐"出去了——成了秦皇岛首部真人图书！

邀请我的是图书馆的张嘉主任，也是从他那里，我对真人图书馆有了初步的概念。

真人图书馆2000年起源于丹麦，9年后传入我国，依托于大学、书店、图书馆等平台悄然兴起。真人图书馆里的"书"是一个活生生的人，你可以"借"来面对面交谈，了解他们的生活方式，探索人生丰富的可能性，彼此碰撞出思想的火花。

我觉得挺有趣，于是在飘雪的圣诞节，跟随张主任及市图书馆的两位馆长一起，来到山海关特教学校。

在一间洒满阳光的教室，黑板上方有 8 个大字：超越梦想，超越自我。张主任将带来的很多童话书放在讲台上，又向老师和同学们介绍了我这本特殊的真人图书。

参加真人图书活动的是十几位有视力障碍的孩子，从小学到初、高中的不同学段。大家环绕成一圈坐着。我先爱上了这种氛围，没有主席台，无需麦克风，心无距离。

掌声响起。“我叫曲晶，记住唐僧就记住我啦——你们都看过《西游记》吧?”孩子们笑答看过（一位双目失明的好友曾提醒，不要刻意对盲人回避“看”这个字）。

接下来的时间，我分享了自己上学时的一些经历，如何克服胆怯，超越了自己，包括创办网站、去旅行、出书的一些小故事。我观察着孩子们的表情，也不时向他们提一些问题，比如有什么梦想、喜欢做些什么。有些孩子也热切地聊起来。有两位上高中的盲人学生说会努力学习，将来考北京联合大学特殊教育学院，到北京奋斗。“北京的房价可是很高的哟!”——我的话逗乐了大家。

“今年 10 月，我参加秦皇岛网络文化节的网络歌手大赛，朗诵了自己写的小诗，唱了《隐形的翅膀》，得了季军。同学们会唱《隐形的翅膀》吗?”“会!”一位失明的女孩站起来，歌声很动听。尽管看不见，但她是灵魂的歌者，我相信那一刻她的心是亮堂的，在自由飞翔……

最后我与同学们共同演唱了《感恩的心》，连低年级的几位小学生都唱得很起劲。一位弱视的小女孩走过来，紧紧拥抱了我。有几位同学表达了他们与“曲晶姐姐”面对面交流的心得体会。

第一次真人图书馆活动，让同学们包括我自己都感到很新鲜。

后来，我向秦皇岛真人图书馆又推荐了“泡叔”“猎豹”等多部有故事的真人图书，一起走进秦皇岛更多的高校和部队等。我没想到，寸步难行的小蜗牛作为真人图书还会走到北京，走得更远。

行走的罕见病真人书

我自幼患上罕见病，肌肉力量越来越弱，尽管读书时成绩优秀，却遗憾没能上大学。

命运波诡云谲，2013 年 5 月，我应织网罕见病真人图书馆之约，走进了中国农业大学和北京大学，两年后又访问了清华大学。

参与策划组织活动的负责人是一对瓷娃娃夫妻孙月和张毅，网名“馒头”和“包子”。他们都患有成骨不全症，在成长过程中很多次骨折。孙月骨头脆，但有颗超级强大的心，不但取得了中文、心理学双学士学位，还在铁岭创办了新起点教育中心，后来又进京成为瓷娃娃罕见病关爱中心的负责人！她与张毅通过网络结识、相爱并冲破阻力结婚，《鲁豫有约》曾播过他俩的完美爱情故事。

别当罕见病真人书就是贩卖悲催和凄惨的，相反，我参加活动时遇到的同伴，多数都很活泼可爱。第一次参加北京高校巡展的真人图书共有 16 组，每部供借阅的真人书都有自己的书名和简介。我拿“飞翔的蜗牛”直接当书名了，下面再透过这对瓷娃娃夫妻的图书简介来略窥一斑吧：

上架图书 4——“包子”“馒头”的幸福生活

她叫他“包子”，他刚刚出生就遭人诬陷说“活不长”，可说来也怪，这个易碎品先后摔了 20 多次，挨了十多刀，竟然接吧接吧零件就这么活过来了。他聪明过人，从学爬到走也只用了 19 年，习得一身本领，闯荡江湖。而立之年，娶得娇妻，决心“齐家治国平天下”。

他叫她“馒头”，她天生爱说爱笑，一看就是赵本山的老乡。儿时，她饱受骨折折磨，后来在轮椅上读完了大学，获得双学位，又放弃在大学做教师的机会，创办了自己的教育机构，教书育人期间，还收获了一段意想不到的爱情。她的口头禅是：“哥们儿没事儿，能扛过去！”

世界因他而温柔，世界因她而快乐。他们的相遇很神奇，他们的爱情很美丽。

简介是不是很有意思？有吸引你一读的兴趣？事实上，每本真人书的背后都有精彩动人的故事。

那次罕见病患者涵盖脆骨症、白化病、重症肌无力、共济失调、多发性硬化、渐冻症、戈谢氏病、白塞氏病等。

在一间教室里，大学生们围坐在自己选择的真人图书周围，每桌六七人。大灯熄灭，烛光摇曳。大屏幕上播放了宣传片和每部真人图书的简介，然后开始类似小型沙龙般的自由交流。

我旁边的大学生提了不少问题，包括问我的病情、如何克服困难去旅行、是什么支撑着“渐冻”的我十几年做公益，未来还有哪些目标；我也去了解他们的一些想法、困扰及喜欢的书、作者、社团活动等。我们像朋友一样聊着，相互阅读，有时都笑起来。

灯亮了，半场阅读结束，各组同学当众分享了读后感。我身边的小王同学说：“曲晶姐姐让我了解到：鸡蛋从外面打破是食物，从内部打破就诞生出新的生命。人生也是如此，总会面临各式各样来自外界的敲打和压力，但在这些病友身上我读出了勇气、信念和坚持，我看到了令人震撼的生命的美丽与坚韧。面对肆虐的病魔，他们用微笑涅槃重生——罕见的病症，罕见的精神！”

"尊重、理解、平等、包容、分享"——无论是真人书、阅读者还是志愿者，都得到了心灵的收获。这就是活动的意义吧。

我后来作为真人书又走进清华校园、辽宁绥中利伟高中、部队等，进行交流，也从其他真人图书身上，汲取了力量与智慧。

在这世上，每个人都是独一无二的，每个生命都有自己的光彩及独特的经验，这些经验往往能给人帮助和启迪。作家严歌苓有次演讲时说："我们每个人都是一座故事的富矿，能够开采出很多故事来。"

 那年地坛，你把我宠成童话里的公主

深秋的风吹起哨子，一阵紧似一阵。银杏叶由绿转黄，有些离枝起舞，宛若翩飞的蝶。

我驱动轮椅在小区漫步，在银杏树下久久驻足。忆起与你在清华园邂逅，忆起你带我去地坛公园银杏大道的美好与惊喜。你的笑容温暖明亮，像开在春天的花；你的鼓励点燃希望，像导航的灯塔……

2015年10月下旬，我以"罕见病真人图书"的身份，受邀走进北大、清华等中国高等学府作分享。那天穿红色外套，戴宽边眼镜的你选择了我。

你人到中年，像是老师，对世界和世人充满着好奇心。通过交流我了解到，你是一位做策划、培训的企业家，与清华大学有合作关系。在校园偶遇我们这支特殊的轮椅队伍，受到吸引来参加真人书活动。我还了解到，你叫李晓君，网名“多妈”，老家也是山东烟台的。你小时候没少吃苦，经过多年奋斗，终于和爱人在北京扎稳根基，儿女双全，事业有成，活成了想要的样子。其实，你也是一部行走的励志书。

缘分神奇，我们的故事由此开始了！

后来，你带女儿来参加了月底举办的“融合·共生艺术节”。你问我有什么心愿，想帮我完成。得知我想去看看地坛及银杏大道，你便带了从老家来的朋友当司机，带着自己的儿子和母亲，开车接了我与老妈。

地坛的秋天很美。

我曾反复读过史铁生的《我与地坛》，能来看看他常来的园子，心底有份莫名的亲切。只是自己没有时间和机会，像他那样独自走遍地坛的每个角落。如今的地坛公园游客众多，早不是他笔下那个“荒芜冷落”的废弃古园了。

地坛有不少古树，我们来到著名的银杏大道。这里的200多棵银杏树，叶子正在变黄中，但没到颜色最艳时。“霜重色愈浓”，但冷空气也常带来大风，有时一夜风就让满地遍是黄金甲。喜爱摄影的你笑道：“有两次盼到降温兴冲冲赶来了，树上却没什么叶子了。”

随遇而安，自然中不同时节有各自的美好。

“曲晶，丁阿姨，我帮你们化点妆吧，好不容易来一次，让今天拍出来的照片更漂亮哦。”在林边，你从背着的大包中拿出自己的化妆品，酒窝里、眼里都盈满了笑。我俩只好恭敬不如从命。

你细致地为我描眼线、画眉，又涂了红唇。对着小镜子里的自己，我都有点陌生哩。为了进一步增色，你让我妈穿上你的貂，又拿出一红一白两条羊绒披肩，给我做造型用，还让我选一条作为礼物。

你顾不得陪伴幼子和母亲，一心用在怎样让我们留下更美的倩影。你项上挂着带了长镜头的单反相机跑前跑后，找角度，帮设计姿势。一会儿让我托腮做沉思状，一会儿让我斜上方45度角仰望远方，一会儿又指导老妈在后面托起我的手臂做飞翔的样子……

因为我坐在轮椅上矮半截，你便常常蹲在地上仰拍，有时还将身子贴近地面，扭成高难度的“S”形，长发垂在地上也不介意。生完二宝后，你有些发福，又穿着半长统靴，反复作出这些动作着实不易。不过我猜你练过瑜伽，身体柔韧性非常棒。

银杏树高大，阳光从树影间斑驳透出，林中光线暗。你有备而来，请司机师傅举着专业摄影的反光板来补光。从未享受过这些排场、连张艺术照都没拍过的我，内心满是感动。

原本素昧平生，你却把我宠成了童话里的公主。

地坛公园较大，可惜我们赶时间，午后要到火车站，没来得及多逛。出园的路上，你推着轮椅，为我和老妈的歌声鼓掌喝彩。你选了装修考究的金鼎轩请我们吃饭，提前定了雅间，点了非常丰盛的菜肴。我们边吃边聊，相见恨晚。

“晶晶，这次时间太短了，以后你到北京联系我。你有什么心愿，我一定尽力助力你完成!”在火车站临别，你拥抱了我，你还有意为我设立个梦想基金。

生命中总有些不期而遇的温暖与感动，激励我这“渐冻的小蜗牛”勇敢向前，追寻梦想。

人生不设限，才能精彩无极限。

一晃几年过去了，虽然我们没能再聚，但你一直在微信上关注我的动态，为我走向远方由衷高兴。你还经我引荐，加入了萧大业视频号训练营。具有极致利他精神的你，尽己所能帮助我，也帮助了一批批视频号学员，成为大业老师运营天团受同学们爱戴的总运营官。

每到晚秋银杏叶金灿灿的时候，翻开那些照片，想起那个内心柔软温润的女子，便不由思绪万千，心底总会涌起阵阵暖流。

我朗诵了一首汪国真的小诗《感谢》，送给远方的你和关爱我的亲友们：

让我怎样感谢你/当我走向你的时候/我原想收获一缕春风/你却给了我整个春天/让我怎样感谢你/当我走向你的时候/我原想捧起一簇浪花/你却给了我整个海洋/让我怎样感谢你/当我走向你的时候/我原想撷取一枚红叶/你却给了我整个枫林/让我怎样感谢你/当我走向你的时候/我原想亲吻一朵雪花/你却给了我银色的世界/愿善良的人们都能被岁月温柔以待/好人一生平安、幸福

 在写作中修行，遇见更好的自己

离 60 岁生日还差几天，作家史铁生走了，走向了那个“必然会

降临的节日"。他自问过很多问题，包括自己为什么要写作。他先是以为写作是一种职业，又以为它是一种能实现价值的光荣，再以为它是一种信仰，最后则相信写作是一种命运。

写作也是我的宿命吗？我自己也说不清楚，几时起爱上了写作？它带给我快乐、惊喜、自由，带给我困扰和折磨，还有太多说不清的东西。渐渐地，我把它当作了人生的一种修行。我写作，也在追梦的路上，遇见了更好的自己。

假如我没有患上罕见的进行性肌营养不良症，假如我像多数人一样在为事业和家庭打拼，假如……那么，我很有可能除了计划、总结、报告书之外，不会写这么多"闲篇"，不会出版这本《飞翔的蜗牛》，也不会有许多美丽的遇见。

我与史铁生一样"点儿背"，重残之外，又患上绝症，如同被命运一步步逼向死角。我不肯缴械投降，于是努力"折腾"。通过参与创办残疾人网站，我结识了一大群热爱生命但被重病残忍折磨的伙伴，有些逝去时仅二十出头——这病发展到后期，或许小小的感冒就是致命的，因无力咳出痰而窒息……

我选择写作，未尝不是对死亡的一种弱势抗衡，煮字疗疾，试着用文字温暖"渐冻"的生命。记录下岁月的印迹，似乎就是某种"抓住"，以在光阴的流逝中获得些许心安。

身体被禁锢，精神就更渴望飞翔。写作时，指尖上捻花，我的文字和思想可以奔跑、跳跃甚至飞翔！"只有文字世界，让我自由地呼吸，让我张开不太硬气的翅膀，去飞。我珍惜一切自由的机会，自由表达的机会。"朋友新桥恋人的这段话击中了我，也道出我爱上写作的原因。

古人云："读万卷书，行万里路。"现代人说："世界那么大，我想去看看。"我不甘心此生只做一只蜗居在壳中的小蜗牛，也梦想去触摸下外面的世界，哪怕会受伤，哪怕会很痛。

2010 年春，在年迈双亲的陪伴下，寸步难行的我踏上了追梦之旅。我们这个加起来 173 岁的老弱病残组合从秦皇岛出发，克服重重困难，24 天里游走了无锡、苏州、上海、杭州、青岛等 10 个城市，行程上万里！归来，我用变得无力的手指，耗时一年写下 21 万字的游记，感动和激励了很多人。

写作与旅行一样，有益于成长。

我学会了更加用心地观察，发现了许多平素容易忽视的细节，思考并记下生命中的爱、痛、挣扎、梦想、奋斗、感动、感悟……眼睛能看到的是有限的，重要的是要用心灵去看！当写作时，我的心会打开，去看，去聆听，去与灵魂对话。

我们的生命就是以不断出发的姿势得到重生，为某些只有自己才能感知的、来自内心的召唤，走在路上，无法停息。我一次次在亲友的帮助下，踏上万里征程，回来继续笔耕。“写作也是不断地出发，去探索心灵新的疆界，是另一种意义上的行走。”网友雨霏的感悟是如此精辟！

作家余华说他年轻时写作有个很大的困扰：“让自己的屁股和椅子建立起深厚的友谊不是一件容易的事情。”我看了扑哧一乐，才发现自己生病居然还得了“红利”。你看，对于我这样丧失了站立行走能力的人，屁股和椅子之间的友谊是久经考验的，是牢不可破的——除非因不能动，褥疮趁机第三者插足，非要与屁股建立更亲密的“友谊”！

福祸总是相倚相伏，跳出小我，我们会看得更加清楚。不少人由于外界诱惑太多，常感到难以选择。罹患重病，我失去了诸多机会，反倒可以集中精力到一两件事上，尽量把它们做好。我只是希望，自己不能伸直且日渐失力的手指，能坚持得久一些，再久一些。去年春天，我发现用电脑打字不断出错，我非常惊慌和沮丧，这给我带来的打击甚至超过了彻底无法站立行走的打击！

因为患上不治之症，我的人生轨迹转了个弯儿，从而获得了一些与众不同的生命体验。我渐渐接受和喜欢上这个不完美的自己，并试着超越自己。通过与病友们创办网站、做义务管理，我一点点战胜了胆小自卑；将肌病群体的故事写下来，让更多人了解，这或许正是上天赋予我的某种特殊使命！我出了书，圆了作家梦，也走进学校、部队和更多人中间，分享关于成长、梦想与生命的大写的爱……

爱不是目标，它本身就是道路！写作让人生变得相对完整，加深着我们对幸福的体验。写作还会倒逼我们去"读书破万卷"，当"阅读"变为"悦读"，读书、写作就成为生活中美好的一部分。读一本好书，如同与一位或多位睿智的人对话，它给我们的不仅是知识，更是智慧，我们的视野由此开拓了，心灵的力量也随之提升。

通过写作和分享，我很容易就找到志趣相投的良师益友。我将数 10 万字旅行笔记发在网上，由此结识了一批深谙生命真谛的"驴友"，有些人竟成为我的灵魂伴侣。加入陈清贫老师的写作网校，参加武汉樱花笔会，我收获了满满的爱与激励。

缘，真是妙不可言！你能走多远，关键看与谁同行！

不管是向内还是向外，写作都是人生的一种修行。背着文字和虔诚的心，走向精神的家园，智慧就在旅程中静悄悄地生长起来。时间之水会把生命中那些碎屑带走，而把真正重要的东西留存下来。

当今，不少写手靠媚俗、狗血和毒鸡汤来吸引眼球、娱乐大众，换取名利。这倒也是种本事，并非全无意义，然而，真诚仍应是写作的根本。真正的写作并非媚俗的，甚至有些孤独，是人身心灵的修行。这样做了，你会发现自己渐渐超越了从前那个小我，会遇见一个更好的自己。“写作成为灵魂的一部分，如影随形，散发出独有的气息和味道。”雪小禅如是说。

尽管我全身的力气越来越弱，可投身于公益事业十几年让我收获了爱、成长和快乐，我还被评为感动秦皇岛、感动河北的年度人物。作为一名文化义工，我不光用笔，也用心、用生命，记录和传递着爱、温暖和正能量。我很欣慰，能尽一份微薄之力，给一些身处困境中的人们带去些许激励和生活的改变。我庆幸自己还有勇气追梦，从未停下前进的脚步。

爱出者爱返，福往者福来。帮助别人也是帮助我们自己。心底有爱，途中就会遇见天使！

写作是最好的自我投资。在写作中修行，时光一层一层地剥落，一字一句，寂静聚拢。“渐冻小蜗牛”没有变成美丽的蝴蝶，但它也放飞了自己。

以诗为媒，美丽邂逅还是久别重逢

“曲晶，你好。我今天一整天在路上，刚刚到河内的宾馆。在机场读了你送给我的诗稿，很喜欢。明天一早要飞到越南另一个地方，等我有空，会给你写信。很高兴昨天见到你，也很高兴认识你妈妈。你们俩都充满爱，给别人带来温暖。你的发言和朗诵让我落泪。多保重！祝你和家里人开心！——贞敏。”

徐贞敏，一个颇具中国传统意味的名字。其实，她是位地道的美国人，英文名Jami Proctor-Xu，诗人，翻译家，现居北京。尽管被誉为汉学家，她却常在简历中省略这个称谓，而添上“母亲”这一身份——她知道在中国一般不会有人把这个身份加到人物简介里，但她认为作为母亲也是很重要的“工作”。

我俩邂逅于在秦皇岛举办的第2届海子诗歌艺术节。因一种莫名的气场，更因为爱，我与贞敏从相识到相知。诗歌和缘分如此奇妙，怎能让我不为之感叹和着迷！

2013年3月23日晚，在诗歌艺术节的朗诵联谊会上，我遇到很多位来自海内外的著名诗人，其中就包括徐贞敏。她在美国亚利桑那州长大，8岁时就写出了第一首让老师惊叹的诗。因痴迷于中国文化，在加州大学伯克利分校研究中国文学之后，她来到北京，在中国社会科学院当了两年访问学者，从事翻译、教学和与诗歌有关的活动。

第一次见到贞敏，我就深为折服。她高高的个子，不像其他生性浪漫的女诗人那样精致装扮，自上而下一身黑色衣服，素面朝天，卷曲的金发自然地垂过双肩，骨子里散发出一种田野的气息。她朗诵时，亦没有过多的抑扬顿挫，声音如清泉流过月夜下的青石，让你的心不觉中静下来，远离浮躁。最打动我的，是她眸子中闪动着的温和快乐的光芒，那是孩子才有的清澈眼神……

四肢无力的我坐在轮椅上，被几名大学生抬至舞台中央。要面对许多大腕级的诗人朗诵自己稚嫩的诗歌，胸口有小鹿在撞，但我很快便排除杂念，进入情境当中。

我先朗诵了小诗《飞翔的蜗牛》，感恩爱和勇气给我力量，让一只梦想着远方的小蜗牛义无反顾地出发，借助隐形的翅膀飞翔。在献上第2首原创诗歌《绽放吧，格桑花》之前，我讲述了该诗的创作背景——秦皇岛女诗人赵永红救助藏族女孩次仁央金，创造奇迹的故事。

很多人为之动容。贞敏冲我点头微笑，我也笑笑，知道身为诗人和翻译家的她听懂了。后来，她在我的博客上留言：“你充满爱和勇敢的心让我很感动。你的朗诵和讲述的故事我会记一辈子！”“亲爱的，请别称我老师，叫我贞敏好了。我姐姐和你同岁，我是74年生的。蜗牛好可爱，我从小就喜欢！我准备买你的书，估计暑假才会有时间看，但是要先买，期待看到你的文字。”

不久，我的励志文集《飞翔的蜗牛》第一版在秦皇岛签售，同时发起募集爱心书籍帮助山区贫困学子和残障人士的倡导，并带头捐书。我没想到，一些外地网友竟积极响应，寄书支持。贞敏给我发来私信：“曲晶，山区的孩子们大概需要什么样的书？我打算在网上买些书寄过去。这种活动非常重要！谢谢你为孩子们的努力和爱心！”很快，我就收到贞敏邮购来的一套包含34本的世界畅销童书《神奇的树屋》，我回赠了自己的新书给她。

一个月后，我去北京参加“罕见病真人图书”活动，走进北京大学和中国农业大学。我跟贞敏通电话，想约她见面，不巧她有事忙未能一聚。期间，父母带我跟随中国文化义工主席张紫秋一起赶赴北京304医院，探望全身80%重度烧伤的10岁男童韩嘉琪。是社会上数千名爱心人士的百万多捐款，才让这个孩子经过数次植皮手术，顽强地活了下来。

我给嘉琪带去自己的书，鼓励他更坚强地战胜病痛。“加油！等你好了来秦皇岛，我们一起看大海，好吗？”我另外买了一套彩绘版的《神奇的树屋》送给嘉琪。贞敏说过，她9岁的儿子和儿子的同学都特别喜欢这套书。我希望小嘉琪在忍受着一次次植皮手术的剧痛时，书中的故事能让他分散些注意力，给他带去些许快乐和童年的色彩。后来，当听说嘉琪果然爱上了这套书，变得更加勇敢，我不禁含泪微笑。

夏末，父母带我回到阔别25年的内蒙古，在小学同桌的帮助下，我圆梦草原，还骑了马。贞敏后来看到照片，由衷地为我开心。她暑假时回到美国，去了好几个地方，也见到许多朋友和家人，8 月回来参加青海诗歌节。

“亲爱的曲晶，你穿的那件紫色的长裙很漂亮！与你的气质很配。”贞敏来信时经常不吝赞扬，从一条裙子，一个大花披肩到我身后怒放的鲜花，诗人的热爱真挚且浓烈。

潮起潮落，春去春又来。转年 3 月末，第 3 届海子诗歌艺术节拉开帷幕。得知贞敏会再来秦皇岛，我用失力的手在灯下提笔，将原创小诗《醉舞飞花》写在纸上，打算送给她。因我一直相信：手书会带着温度。

重逢时，贞敏眼中闪出惊喜，她说非常喜欢我的书，常和另一位女诗人潇潇谈起我。她送我的诗集上同样有她的亲笔签名！我俩竟如此默契，然后我们欣然合影。她蹲在我的轮椅边，笑容如春阳般明朗、透亮。

当晚的联谊会上，贞敏向众多诗人和上千名大学生宣布：“接下来，我会朗诵自己的诗歌《小黑鸟》，送给大家，特别要把它送给台下坐轮椅的曲晶，她的坚强与博爱深深感动着我……”

“我要释放你的鸟/她在金银花间等待/她在卷藤之间窥看我/我把她从死亡里梦出来/她生自早晨的光荣……”

听着贞敏用独特语调吟诵的诗文，我眼底、心底漾起柔柔的涟漪。

从内向外，贞敏透着一种单纯，诗里的智性及情感经验似乎伸手便可触摸。字里行间，有音乐和舞蹈在律动，又如一朵朵开放的花儿暗香飘盈，交相辉映着东西方的色泽。

这是个属于音乐与诗歌的夜晚，在古筝古琴的伴奏下，诗人与大学生朗诵着自己及海子的作品。我朗诵的《醉舞飞花》赢得了热烈的掌声，我分享的与贞敏之间的这段奇妙的缘更令人慨叹。我坦承自己不擅长写诗，更不是一位诗人，但感恩诗歌为媒，让我们相遇、相知。

“亲，我觉得每一个人都能写诗，只要心里有诗，就该写出来!”贞敏飞到越南时于凌晨给我留言:“我喜欢听你朗诵诗，以你自己的语言和声音，表达你在这个世界上的感受。人活着，就该表达这些，就该发出自己的声音。”

“如果有机会再去秦皇岛，我会去找你。感谢你的邀请! 多保重!”贞敏再来的话，我会请她来家里一起包饺子，一起唱歌，沐浴着午后的阳光或夏夜的星光，与她海阔天空地畅谈，将会是多么快意!

贞敏透露，听我讲起到北京看望小嘉琪的故事，她哭了。“哭是因为想到了孩子的痛苦，也是因为你对他的关心和爱使我很感动。你对生活的态度和希望经常会给我带来勇气。我相信你同样也给那个男孩子带来了勇气和快乐。”

贞敏送我的诗集名为《给孩子们的诗》，封面上印着:“越小的孩子离诗越近，鼓励他们守住真实的自己，亲近诗性文字，触摸诗情心灵，畅游诗意世界。”

我的心不禁一动。每个春天，我们与海子相约，不正是为了寻回精神家园中那个如孩子般纯真的自己，不正是为了一些美丽的遇见吗? 对宇宙来说，一切生命都是短暂的一瞬。让文字随真性情飞扬，让心灵去发现和感知，流淌出的，或许就是最美的诗。

茫茫人海中，无数人擦肩而过成为过客，难觅知音，但有些人能凭借一种特殊的灵魂感应，认出彼此:哦，原来你也在这里。每一次相遇，都是久别重逢!

世界以痛吻我，我要报之以歌

"情未了像春风走来/爱无言像雪花悄悄离去/彼此间都把真情埋在心底/爱的故事才这样美丽"

当我和老妈再度联袂唱完这首荡气回肠的《爱在天地间》，在热烈、经久不息的掌声中，有许多人悄悄擦去眼角的泪花。

2013 年燕山大学感恩节晚会，我俩首次合唱这首歌，引得上千名大学生击节喝彩；2018 年秋，我们又凭这首歌赢得秦皇岛市健康文化艺术节二等奖！

LED 大屏播放着我们参加公益活动及旅行的照片。坐在轮椅上的我因肌病表情僵硬，须用左手托着右腕，才能勉强举起麦克风；身旁的老妈含笑高歌，气质高雅，嗓音婉转清亮又甜美。全场都被震住了，不仅因我们发自内心的歌唱，更受到一种精神力量的鼓舞。不少听者感叹，是什么让 75 岁的老妈和身体"渐冻"的女儿如此从容，勇敢追梦又乐于助人，绽放出生命的光彩？

母亲的豁达与家风的传承有关。我外公丁绪宝 1916 年毕业于北京大学，是我国首届大学物理学本科毕业生之一，两年后公费留美。他回国后在东北大学、南京大学、贵州大学、浙江大学等高校任教，是一位宁守清贫爱国报国的物理教育家。

1937年日本全面侵华战争爆发，淞沪抗战失败，浙大被迫西迁，几经辗转迁至贵州湄潭。那是一段非常艰苦的岁月，外公与许多高级知识分子克服困难搞科研和教学，坚信抗战必胜。浙大部分喜欢京剧的票友苦中作乐，周末的晚上相聚在外公家，在一楼吹拉弹唱。外婆会唱几十出京剧，是活跃分子，她与卢鹤绂教授（被誉为“中国核能之父”）同演过《四郎探母》等剧目，而外公则在楼上看书、琢磨物理实验器具。外婆怀着我妈时，还与其他浙大家属参加义演，为抗战募捐。

1944年冬，我妈出生于湄潭，取名湄生，在兄弟姐妹中排行第六。她自幼体弱，但随我外婆，天生一副好嗓子，从小就爱唱歌。在妈妈6岁时，某位在歌唱艺术方面有些造诣的浙大邻居认为她有天赋和潜力，想带她去北京学声乐。可那时家里孩子多，老七尚在襁褓中，外婆不放心幼女离开身边，没让她去。抗美援朝战争爆发，外公外婆将仅有的6钱黄金全部捐献给国家，还支持读大学和中学的4个子女都报名参军——我大舅和四姨获准。

我妈小学毕业后，外公被安排到北京工作。几年后，她参加高考，读了北京工商管理专科。年轻的她课余时间爱唱爱笑，宛若一只快乐的百灵。有一次，她参加文艺汇演，演唱气势恢宏的苏州评弹《蝶恋花·答李淑一》，在学校引起轰动。

“老妈，你那么爱唱歌，嗓音条件又这么好，简直是祖师爷赏饭啊！当年为何不考音乐学院呢？你学声乐的话，绝对可以成为一名歌唱家！成不了李谷一，也能当‘李谷二’，嘿嘿！那样，我就有一位歌唱家妈妈了！”我真心替她惋惜，不止一次地问她。“我小时候常去浙大农学院，对农业感兴趣，高考就报了中国农业大学，没考好上了专科。我原来认为唱歌只是业余爱好，没想过把艺术当职业，哪像现在，很多人都想成为明星呀!”她笑笑说:“我真去上音乐学院，估计就认识不了你爸，也不会有你了呀!”

那时很多人都相当单纯。1965 年，我妈大学毕业后积极响应“大学生到祖国最需要的地方去”这一号召，舍弃北京的繁华，填志愿时 5 个选项全填了遥远的边疆！结果，她到了条件艰苦的内蒙古，组织让她留机关她还不乐意，要求去工厂，一干就是 20 多年！

1971 年，她与一位姓曲的支边青年结了婚。说起来，她作为教授的女儿，与从农村出来家境贫寒只读了中专的我爸结婚，算是“下嫁”，但那时的爱情和婚姻就是如此简单。

我出生不久就一场病接一场病，初为人母，她应接不暇。几年后，她又有了一对双胞胎儿子。因我的疾病和生活的重压，那些年里，母亲很少再无忧无虑地唱歌。直到我两个弟弟长大成人，她也退了休，才拾起自己的爱好，到老年大学学起了声乐。

2004 年，我与病友们创办了“精彩同行”网站。爸妈都很支持，还不辞辛苦，带我到外地参加病友聚会。当我们的聊天室有活动或网友生日时，老妈不时助兴献歌。有一次，聊天室 PK 儿童歌曲，老妈细声细气地学小朋友唱歌。我笑着揭秘后，这位 60 多岁的“小盆友”令许多网友惊掉下巴！

老妈吃了不少苦，2000 年时因乳腺癌做过手术，幸好发现及时，是早期。她一把年纪了，还要照顾全身肌肉萎缩的我。面对磨难，她选择乐呵呵地生活，收拾家、做饭时，常哼着歌。她的乐观也影响到我的行为处事。虽然我患上罕见的“渐冻症”，却学会了用一颗积极快乐的心善待自己，也尽一份微薄之力去帮助别人。

2006 年，我俩开始在一个 UC 聊天室学习声乐课，还是同桌呢！

同学归同学，论起上网的资历来，我可算老妈的“前辈”哩。古人云：“闻道有先后，术业有专攻。”鄙人已在网海闯荡数载，不会操作电脑的老妈却连个网名都没有。

我某天灵光一闪，建议她用“叮咚”这个响当当的昵称。她姓丁，生在冬天，声音清脆，一曲《泉水叮咚响》唱得悠扬婉转。老太太欣然接受，连连称妙。就这样，一颗新星“叮咚”一声诞生了！

我有时喊老妈帮忙，离得远她没听清，或者以为我又在“妈妹咪么姆”地练声；无奈中我大呼一声“叮咚”，她马上跑来问什么事。哈哈，这名字还像门铃一样灵呢。

我俩报名参加 UC 的声乐学习班后，老妈连电视剧都不看了，每晚准时和我守候在电脑前，听老师讲课、认真做笔记、进行声乐训练……我和老妈成了同学，共用一个麦克风，发生了不少趣事。

声乐基础课强调练气息。我因病肺活量小，气息明显不足。有一晚我与老妈参加活动缺了一次课，次日进聊天室听到一个男生正在数俘虏：“1 个俘虏、2 个俘虏、3 个俘虏……”我好生纳闷，这是练什么呢？中央电视台正重播电视剧《亮剑》，他们也在模拟清点降卒吗？待老师纠正后我们才明白，敢情不是数俘虏，而是要练习数葫芦！哈哈，这南方口音的同学将“葫芦”发成了“俘虏”！

轮到我们上麦，我数了十几个气就不够了，将麦克风递给老妈。她不紧不慢地数起来，数到四十几还没打住！我吃惊，示意够了，她才面不改色地放了麦。

老师点评：“叮咚同学气息很足，数到四十多，请问是一口气数的吗？”我对老妈抱了抱拳：“好汉，敢问您刚才是否换过气？”她回答：“没听到不让换气呀。”我被她彻底打败！又不是考核是否会数数，换气数，数到天亮也没问题啊。

下课后，老爸听到我和老妈继续兴致勃勃地比着数葫芦，故意跟着大声数"一个糊涂，两个糊涂……越数越糊涂!"得，又多一个版本，糊涂就糊涂吧，郑板桥不是告诫世人"难得糊涂"嘛!

关于呼吸，老师教过几种方法，胸腹式呼吸、慢吸慢呼、快吸慢呼、快吸快呼……练习短吐和长吐，要求放松嘴唇，横膈膜处用力，以气息带动嘴皮子颤动发出"嘟嘟"的声音。我唇肌无力，只能靠舌头发出类似的声音，不成想把老妈"带沟里"了。她也在舌头上较劲，竟忆起早年学俄语时舌头打嘟噜的练习，又闹了笑话……

原本枯燥的练习，我和叮咚同学洋相迭出，经常笑到肚子痛。有位高人说过，犯错误不可怕，犯了就改，改了再犯嘛!

2006 年 5 月，我的同桌在秦皇岛第 2 届"时尚老妈"大赛中获得优秀奖。2012 年，我俩参加秦皇岛首届网络文化节网络歌手比赛，也双双获奖。我报名参赛，主要是为了克服内心的胆小和恐惧，老妈大力支持，陪我"出征"。果然，我战胜了自己，两个月后出书，还去大学做了励志报告。

获奖与否并不重要，热爱生活，对世界保持好奇心，愿意去尝试新事物，勇于迎接挑战，就证明一个人还不老。积极健康地生活，对身心都大有益处。

想起美国农妇摩西奶奶的故事。她生了 10 个孩子，76 岁才开始学画，80 岁在纽约首办个人画展，之后作品畅销欧美，成了著名且高产的画家，到 101 岁去世，共创作了 1600 多幅画。她说，人生永远没有太晚的开始，去做自己真正感兴趣的事吧。

十几年来，老爸老妈克服年迈体衰和重重困难，支持我做公益，还一次次带着寸步难行的我出去旅行、圆梦。不管走到哪里，我们经常是一路风雨一路歌。南京玄武湖、内蒙古草原、云南玉龙雪山及香格里拉，还有意大利威尼斯水城的贡多拉船上，都留下了我们从心底流出的歌……

2013年冬，老爸摔断了股骨颈，住院做人工髋关节置换手术。患高血压的老妈每天天不亮起床做饭，安顿好我，再去医院照顾老爸，非常辛苦和疲惫，但她脸上经常带着笑容。有天傍晚，为了让老爸病房的患者们开心，她唱起京剧，颇有些专业范儿。连路过的护士都听呆了，误以为是谁在放录音，进来才知是一位老太太的现场版，也跟着喝彩。

“世界以痛吻我，要我报之以歌”是印度诗人泰戈尔的诗句。对于乐观的人，不是被动的“要我”，而是主动选择“我要”。

我和老妈是同学，不仅一起学唱歌，更从生活的磨砺中共同学习、不断成长。保持一颗求索的初心，行走在路上本身就是一种幸福。

不妨以摩西奶奶为榜样——“人生随时可以重来，梦想没有年龄的限制，现在开始，就是最好的时机!”没错，爱无关时间，岁月如歌，我们要在苦难中寻找快乐，而选择决定着生命的质量。

大理九月，旧梦能否照亮现实

心心念着彩云之南有很多年了，2018年5月，我和老爸老妈终于圆梦！十几天里，我们游走了昆明、大理、丽江、香格里拉、玉溪等地。大美云南处处风情，其中我尤爱大理——不仅因苍山洱海的曼妙，更因为在大理，我遇见了一些有趣有故事的人；我还第一次走进酒吧，度过了生命中最特别的一个青年节。

5月4日凌晨4点多，坐了一夜火车的我们被杨善祥师傅送到大理古城的“北京瓷器”客栈。我们补了会儿觉，就起来吃米线、逛古城，赶三月街大集，还路过传说中的“大冰的小屋”……

傍晚，品尝了鲜花饼，与客栈陈掌柜聊天，一起说笑唱歌。他虽是学体育出身，却是一个特别有意思的文艺青年，几年前逃离北京体制内的生活，到大理开起了客栈。当暮色四合，我们赶往人民路上的九月酒吧。小雨后的空气更加清新，可离酒吧越近，我的心跳越快。

咳，曲晶同学不是号“淡定君”吗？如此激动为哪般？莫非在期待一场艳遇？哈，事后证明，这场遇见真的很艳，而且相当地惊艳！有多位大咖分演男 1 号、男 2 号、男 3 号……而女主角只有一位，正是在下！

九月酒吧的门面不大，名头却响当当的——有许多全国巡演的民谣歌手常聚于此，据说“天后”王菲每次来大理，都要到九月酒吧来听歌。

而这个青年节的九月酒吧，有一场为助力“渐冻”女作家圆梦云南举办的义演，发起者是诗人及中国民谣的代表人物——周云蓬。2012 年，拙作《飞翔的蜗牛》出版前，经好友何川牵线，老周为我写序推荐，并欢迎我有机会来云南玩儿。

这次，当看到我征集云南同行旅伴的“英雄帖”，他转发支持，还引荐了大理的杨善祥师傅做我的司机，这可是帮我解决了最关键的一环。这还不算，他还提出要为我办一次义演！

摇曳的光影中，我终于见到了这位双目失明的歌手和诗人。他一身黑西服，系红领带，戴着墨镜，比我印象中要年轻。老周过去边走边唱，长发如飘飞的战旗。2016 年他突然中风，恢复后换了发型，戒烟戒酒，运动健身，人瘦了，也帅了。

他的经纪人“大方”跟我打招呼，她是个瘦高且干练的女子，交流时极少有废话。酒吧女老板雨小薇白天我已见过，她冲我笑笑，递上饮料。小薇姑娘还特意为我征集大理古城无障碍条件好的客栈，结果前文提到的陈掌柜“接榜”，还让我们免费住。

老周的粉丝众多，酒吧挤进不同年龄及背景的人们，而且还有多位神秘嘉宾将到场助阵。我何德何能，竟被这世界如此温柔以待！

“待会儿狼哥来了，你们就鼓掌示意我，要热烈的‘哇——’那种，显得我们热情，要不他耍大牌！”老周调侃着，引来阵阵笑声。

别看他眼前漆黑，但有趣的人都自带光芒。2009 年，他发起帮助盲童计划，感召了中国民谣界近 30 位顶尖歌手制作童谣专辑，募捐所得用来帮助家境贫困的失明孩子，为他们购买需要的乐器、Mp3 播放器、听书机等。这位盲侠性格风趣且内功深厚，超强的好奇心支撑着他不断探求，还拍了不少非视觉摄影作品……

9 点了，老周拨动七弦琴，开唱。他 9 岁失明，19 岁上大学，21 岁写诗，24 岁开始弹着吉他四处漂泊。那些走过的路，遇见的人，经历的事，化成诗与歌，用他独特的嗓音演绎出来，唱进你心里。尽管历尽沧桑，他的歌却唱得如此平静，细领会，平静背后有种让人心痛的纠缠。

老周习惯说真话，好听的，不好听的，甚至尖锐的批判。记得第一次听他那首《中国孩子》，我大骇。他为我的书写序言，也没一句溢美之词。“……社会或旁观者要求残障人励志。我痛苦，我就喊叫。可是你要求我微笑、鼓励别人，我觉得这是既残酷又不讲理的诉求。”

他弹唱自己创作的歌，也翻唱一些经典老歌。我坐在台下聆听，听到熟悉的旋律就跟着轻声哼唱。

几首歌过后，某人的到来引起些骚动，掌声和尖叫声响起。哇，狼来了！哪位？就是20多年前把一首《同桌的你》唱红全中国的老狼！

"不好了，踢馆子砸场子的来喽！先上二锅头，把他们喝晕了，音不准了，我们好唱！"老周笑道，众人跟着乐。

老狼登台。这位大咖随和得像邻家的哥哥。他今天刚带妻儿来大理，就应老周之邀来做嘉宾。狼哥说了几句，并为轮椅上的我献祝福。他也是每次到大理都要来九月酒吧坐坐的。

观众点歌。老狼唱了《虎口脱险》，又与野孩子乐队的歌手张玮玮合唱《米店》。最后，全场大合场那首经典老歌《同桌的你》，一起嗨到爆。"永远青春，永远热泪盈眶"，献给当日的青年节！

邂逅老狼我很意外，没想到来支持我的还有作家野夫和大冰！读野夫先生的《乡关何处》，我曾几度泪下，觉得他也是一个追求自由、敢于讲真话的性情中人。

野夫先生对我和爸妈来到大理，表示了欢迎和敬意。他说见到我，想起几年前一对"走心情侣"到大理的情景。那个女孩也患有罕见病，身体越来越无力，丈夫带她圆梦，走了很多地方……先生忆起的其实是患有企鹅病的赖敏和她老公丁一舟，他们曾上过董卿主持的《朗读者》。女孩有着能融化一切的灿烂笑容，丁一舟很有男子汉气概，是个勇于承担的汉子！

大冰是近几年横空出世的畅销书作家，创造了一个个图书销量过百万册的传奇。无数年轻读者被他书里通俗诙谐的江湖故事感动得稀里哗啦，成为冰粉。大冰是个跨界高手，有多重身份，主持人、背包客、畅销书作家、酒吧老板，他还玩民谣、画画……

我看过大冰不止一本书，哪成想竟在大理遇到他。这位帅气有趣的野生作家就坐在我旁边。"你打算在大理待几天？"他问。"那取决于我在酒吧卖唱能赚到多少钱!”我本想开个玩笑，但当着这么多著名歌手，底气不足，只老实回答3天左右吧。

野夫先生兴致挺高，他即兴演唱阿尔巴尼亚《游击队员之歌》，大冰也被邀请上台击鼓伴奏。“等这里的活动结束了，欢迎曲晶也去大冰小屋坐坐，你可以带20位朋友，啤酒我请。”大冰向我发出邀请，黑眸子闪闪发亮，我有些被天降大馅饼砸中的小晕眩。

随后，来自甘肃的民谣歌手张尕怂演唱了带着泥土气息的《花儿》。他眼神干净，始终笑眯眯的，像刚领到糖果的孩子。

嘉宾们演唱结束，老周向众人正式介绍来云南圆梦的我，还不忘推荐我那本《飞翔的蜗牛》。“今晚义演所得将全部用于曲晶及其父母在云南的旅行。祝在云南玩得开心！曲晶想和我合唱一首歌，今晚也圆她这个梦。”

我的小心脏没装什么支架，也在里面打起了鼓，我感觉喉咙发干。听了这么多大咖献唱，现在轮到我了。演唱会开场前，老周弹琴，我俩合练了一遍。无论怎么说，我都应该尊称周云蓬为老师的，可我觉得直呼他“老周”比叫老师更亲近。

在热烈的掌声和欢迎声里，和着《莫斯科郊外的晚上》的乐声，我开始歌唱。老周弹吉他伴奏，有的段落他用浑厚深沉的男中音为我伴唱。我们的歌声从心底流淌而出，让夜色更加温柔。虽然我节拍掌握得有些任性，但有老周这高手傍着，我告诉自己紧张也没毛线用，不如抓紧享受“打哪指哪”的快感。

“长夜快过去天色蒙蒙亮，衷心祝福你好姑娘。但愿从今后，你我永不忘，莫斯科郊外的晚上……”唱到副歌部分时，我把最后一句改成了“大理九月的晚上”。

掌声、欢呼声及巨大的幸福感将我包围。今夕何夕？如此美好，我甚至有点分不清是真是幻。

合唱完，老周又连续唱了多首歌，原创及翻唱的都有。有些歌曲，大家跟着一起唱，比如根据海子那首《九月》写的歌以及《南屏晚钟》……

老周的嗓子真好，连说带唱近两个小时，也听不出什么沙哑、疲惫或高音唱“劈”了。唯有一首歌，他声音夸张地哆嗦着：“直到有一天，所有的钱都还完了，头发也白了，嘴里也没有牙了。”那是他为了模仿好友左小祖咒，以唱出“房奴”的悲催。

这个青年节的夜晚太嗨了！欢乐之外，我的心里还涌起太多惊喜和感动。

义演结束后，我并未马上赶到大冰的小屋，而是端起一杯红酒，去敬老周和野夫等人。

有位拄着拐杖的男子也向我敬酒，他是野孩子乐队的鼓手郭龙，刚做完腿部取钢板手术赶过来。九月酒吧也是野孩子乐队的根据地，今晚乐队5位成员到了3位，除了张玮玮、郭龙，还有帮忙调音的马雪松。有人说“野孩子”是中国最接地气的民谣乐队，与之幸会让我感到人与人之间的缘分真是神奇。

夜已深，我和爸妈告辞。大冰与野夫先生、马雪松3人俯下身子，帮着抬轮椅出来。外面有点凉，我心里却暖暖的。单凭两位著名作家和一位乐手帮忙抬轮椅，“小蜗牛”也有吹牛的资本了，是不是？

深深拜谢周云蓬老师特意为我举办的义演，及这么多人捧场支持。大理“九月”，给我留下值得一生珍藏的回忆。这次义演场内场外，共募集到8300元，足够我支付包车费用了。

数年前，某哥们儿送了我一本史上很畅销的心灵励志书——《秘密》。书不厚，我勉强读完，并嗤之以鼻：“世上哪里有那么多心想事成？想什么什么来，太鬼扯了！”

可是近几年我经历了一些事，倒是越来越相信宇宙间确实存在着吸引力法则。梦想总是要有的，当你足够渴望并为之努力，宇宙会听到并为你助力的。如李叔同先生说："世界是个回音谷，念念不忘，必有回响。"

 冒着生命危险赴欧洲，如此疯狂为哪般

冲动是魔鬼！

活了几十年，我认为自己除了偶尔犯过几次二，总体还算稳健、靠谱，甚至某些方面偏保守，包括做梦时理性都睁着一只"眼"，做不了什么太出格的事。可岁月不饶人，何况是身体"渐冻"、越来越无力的我！为了争取有限的自由，"小蜗牛"努力与时间赛跑，也上演起疯狂大戏！

4 月 10 日，我不顾医生劝阻，非但没有乖乖地做手术、查病理，还任性地要求出院，并打算按计划出国。办手续时，主治医生铁青的脸拉成了长白山，其气愤不加掩饰，警告我若一意孤行，如果在人生地不熟的欧洲因子宫问题大出血，可能危及生命！

这天晚上，对未知感到忐忑、因忽然住院连行李都未及收拾妥帖的我一夜辗转难眠。次日早早起来归整装箱，怀着几分悲壮，我和年迈的双亲从秦皇岛出发，晚 9 点多抵达首都机场。12 日凌晨

1∶40，由北京飞往布拉格，身体虚弱的我又度过一个不眠之夜。为了追梦，我也够疯狂了，生死由他，赌上了半条命！

亲爱的，当你看到这篇文章时已不必担心，说明我赌赢了。我们是4月11日出发，26日回国返家的，本篇概括下我和父母的欧洲之旅。

半个月跑了荷、德、法、瑞、意、捷、奥、比8个国家，行程加起来约20000千米！一位四肢无力、刚出院的"渐冻症"患者，两位年近八旬被病痛纠缠的老人，3人年龄之和近200岁。如此老弱病残组合，折腾一大圈平安回家，已非寻常。

这次旅行不是我们仨的长征，还有些同行的旅伴，他们来自北京、四川、广东、河北、辽宁，其中10位是靠轮椅代步的。走路一瘸一拐甚至寸步难行又如何？心底有梦，有勇气，够努力有底气，也一样可以出来看世界！

想起红遍大江南北的那首歌《我们不一样》：

"张开手 需要多大的勇气/这片天 你我一起撑起/更努力 只为了我们想要的明天/好好的 这份情好好珍惜"。

每个人都有不同的境遇，会经历不同的事情，但都有追梦的权利！

我们参加的是残疾人大型公益网站"生命之歌"与江西一个旅行社合作组织的欧洲行，由余琪担任全程领队。

由于无法行走站立，我过去几年的旅行，绝大部分是和亲友的自助游，由自己策划。这次到欧洲，我们选择了跟团游。我大致总结下此行的感受，优点和不足分开谈。

优点一：省心！

无需自己做攻略、设计线路、跑签证、联络、订机票酒店……连跑8个国家，那些事做起来可不是一般的繁琐，出境游更不是我这样的小白能轻易搞定的。

交钱买服务，由旅行社代办相关事宜，排定基本行程，具体到景点、吃住行、如厕等方面，他们考虑了我们这个特殊团队在无障碍方面的需求。语言不通问题也不大，旅行社派了一位会英语的全程领队，与外方的沟通主要由他负责，我们手机中安装个翻译App，哪怕只会 hello、excuse me、thank you，加上肢体语言和微笑也可简单应付。

优点二：在欧洲有全程无障碍大巴接送，方便轮椅乘客上下。

面对大巴，坐轮椅的我常立马化身著名歌剧的女主——“卡门”！去“新马泰”时，被家人前后抬着上下大巴，过那窄门，我痛得咧嘴。而此次游欧洲，最令轮友们满意的就是到布拉格后的全程无障碍大巴。大巴前门底下备有一个可伸缩的电动升降机，可以轻松地将坐在轮椅上的乘客运上运下。一次载人升降，仅需三四十秒，我们有 6 位离不开轮椅的伙伴，每次几分钟搞定。无须人力背、抱、抬，这才是无障碍设施正确的打开方式！

来自捷克的司机 Lucks，以他的“三高”——高大、高颜值、高超的驾驶技术赢得我们的爱与尊重。他细心熟练地为我们锁定轮椅，锁好后还笑着问一句：“OK?”他那么帅，笑容又那么明朗，怎么能不 OK？简直是额外福利嘛。

优点三：十几天游 8 个国家，赏美景，开阔眼界，也从同行伙伴身上汲取力量与智慧。

历史上，玄奘西行取经，5 万里行程历经 17 年之久；而我这伪唐僧曲晶游 8 个国家 4 万里才耗时 15 天，貌似又增加了一些吹牛资本。

旅行让我们认知探索世界，也重新认识自己、找回自己。我的同行伙伴都是内心强大的人，靠自己的本事赚钱和游历世界。一路上尽管辛苦，但旅途中常伴着笑声与歌声。伙伴们精彩的人生故事和乐观的精神也激励我继续前进。前面我拿自己跟唐僧比纯属开玩笑，但走出去，旅行教会和启迪我的却是实实在在的"真经"。都说一个人的气质里，藏着你读过的书、走过的路和爱过的人。此言不虚。

漫步布拉格老城广场让我们仿佛穿越到中世纪的童话世界；

乘坐贡多拉船通过叹息桥，驶进浪漫水城威尼斯那个漂浮在水上的梦；

置身佛罗伦萨市政厅广场露天雕塑博物馆，圣母百花大教堂以及美第奇家族都令人赞叹不已；

罗马斗兽场废墟历经近2000年的沧桑依然彰显着永恒之都的庄严与雄奇；

时尚之都米兰敞开怀抱迎接世人，仅一座建了5个世纪的多姆大教堂就震撼了我们；

瑞士的雪山、湖水、碧草、蓝天，铺展开最美的画卷，坐缆车抵达雪朗峰峰顶，我们尖叫与欢呼，一览众山小；

巴黎于我不再仅仅是一个关于时尚与浪漫的地理上的名词，走进世界上最大的博物馆卢浮宫、世界第二大宫殿凡尔赛宫，里面的艺术珍宝数不胜数，我恨不得全身长满眼睛；

来到有"欧洲首都"之称的布鲁塞尔，除了古建筑，满街弥漫着巧克力的甜香；

世界上最大的郁金香公园——阿姆斯特丹库肯霍夫公园，上千品种的郁金香绽放，我多想变成一只翩飞的彩蝶……

简介了此行的一些收获，再总结下旅行中的一些不足和遗憾。《西游记》中，孙悟空一个筋斗十万八千里，与唐僧用十几年走完等长的取经路，收获和意义自然不可同日而语。

我们 15 天跑 8 个国家，看似短期去了那么多地方很牛很强大，实属走马观花。我们被旅行社安排每晚住在“各国”小镇，而景区多在市区，每天花在路上的时间相当长，到景区逗留的时间十分有限。对于我们这样一支行动缓慢的轮椅队伍，往往是在广场上拍拍照、打个卡，难以深度游。享受了跟团游的便利，就要面对被限制的不自由。

团友们还遭遇了安排和衔接的一些烦恼：广东 7 人往返的联运部分不合理；我们夜航飞了 10 小时到布拉格，却困在机场，苦等了 3 个多小时，安排的无障碍大巴才到；天黑赶到小镇上的酒店，周边便利店已关门或距离很远，难以买到果腹的食物……

旅行十几天，年迈的父母尽力照顾我，我也得到同行的赵暖、余琪和于莉大姐等人的帮助。

我这“小蜗牛”动作比常人和同行其他轮友慢许多，不管几点睡，早晨须早起。比如领队通知 6：30 吃早饭，7：30 出发，我需要把闹钟定在 5：15。我每天从早到晚坐着，换不了姿势，连续多日，很疲惫。

佛说：“众生皆苦。”生在娑婆世界，娑婆就是遗憾，也意味着“堪忍”。没有遗憾，人们就感受不到拥有的幸福和知足；每个人活在世上都不容易，要承受各种痛苦，但苦才是人生修行的功课，会让我们更珍惜那点甜。就像我们在比利时买的手工原味巧克力，无添加，有一点淡淡的苦，反而比加了糖和牛奶的巧克力更令人回味。

尽管到欧洲前两天寒风刺骨，非常冷，后面的日子里温暖晴好的天气居多。更为幸运的是，让我住院的病没在外面发作，4 月 26 日，我和爸妈平安返回家中。当初若非横下一条心冒险出行，除了损失交的大笔费用，今后于我和年迈的双亲，都未必还有机会和能力去欧洲了。

我要合十感恩，感恩父母包括自己的勇敢与坚持，感谢伙伴们的帮助、支持与鼓励，感谢默默付出的人，以及冥冥中的眷顾。

“世间所有事，最难的往往是开头。当你克服了犹豫不决，克服了种种顾虑，终于开始去做的时候，其实已经跨过了这条路上最大的阻碍！”

夕阳不老拾旧梦，喜舞丹青寄晚情

我老妈喜欢唱歌唱戏，网友听了，纷纷被老太太圈粉，有的还建议她报名《星光大道》，去展示下风采。

相比老妈，我爸的兴趣更为广泛，读书，旅行，学书法、绘画、摄影，听戏、看体育节目，玩象棋、围棋、扑克，打台球，写点小文，做点小菜，吹点小牛……

我将老爸的画作发于公众号“飞翔的蜗牛曲晶”，引来不少赞赏。“老爷子画得真好！太厉害了！”“羡慕你们一家，都太有才了！热爱生活，那么乐观！”承蒙谬赞，我们几个都是半瓶子尚不满的主儿，爱玩，不是奔着扬名立万而去，而是做喜欢的事，乐在其中。

有道是：不做无为之事，何遣有涯之生？

家有老顽童，乐趣多到三天三夜也说不完。本篇别的少叙，讲讲老爸学画的故事。

老爸姓曲名昌松，1943 年生于山东烟台的农村。他 4 岁时，我当账房先生的爷爷年方 28 岁，就因肺病去世，只留下奶奶独自拉扯 3 个幼小的孩子，苦熬生活。

奶奶后来没再嫁。家境贫寒，偶得的几本破旧的连环画，给父亲的童年带来许多亮色。他照着画书，用木炭在老房子的白墙上画呀画，兴奋得眸子闪闪发光。乡邻们见那些半人多高的岳飞、花木兰、孙悟空等神气活现的样子，都夸这孩子有灵气。

父亲小时候几乎没吃过一顿饱饭，奶奶拼命干活，贩点水果去县城摆地摊，灾年还讨过饭。能供孩子糊口念书已不易，哪里买得起笔墨纸砚培养小儿子学画呢？

父亲 15 岁离开农村，到沈阳念中学。为了省钱，他后来报考了不收学费还给补贴的电力中专。他中专毕业后到内蒙古支援边疆建设，成为一名技术工人，每天跟机器和图纸打交道。

他勤奋好学，因为喜欢写写画画，也兼过报社的通讯员。在那个特殊的年代，他与一位军管干部合作完成了四米半高的毛主席画像，挂在厂房门口。被委派画伟人像，也说明他有一定绘画功底。

我家早年的墙上，曾有一幅《红色娘子军》舞剧图，是父亲根据画报上的剧照临摹的：满腔悲愤的琼花化作一团烈焰，似要从画中飞旋而出。另一幅大寨书记陈永贵的肖像画他绘得更为传神：老陈满脸皱纹笑开了花，胡子茬、头发丝、牙齿的光泽都展现得淋漓尽致。可惜，这些画在几次搬家后丢失了，连张照片都没留下。

我自幼患罕见病，后来又添了双胞胎弟弟。在好多年里，父亲瘦弱的肩膀扛起生活的重压，斗室狭小，他没再拿过画笔。退休后有了闲暇，在我和老妈劝说下，他才走进老年大学寻梦，首选国画。人物、花鸟、山水，写意及工笔，他这些年均有所学，又习书法。

他不满足于老师课堂传授的知识，不断找来画书继续学习与临摹。老头有股子精神，经常清晨四五点起床就用功，早饭后跑出去采购和打球，回来帮忙做午饭，放下筷子又去渲染，晚上在灯下还拿着放大镜研究……

彩印的画册挺贵，老头不舍得多买，就去旧书摊淘宝，或到图书馆借书研习。十几年积累，他光学习书画的笔记就积累了不下20万字！勤学苦练的结果就是，再下笔时，不说能有神，起码也能有点"鬼"。

我家装修极简，但装饰却是独一无二的。墙上悬挂着几幅老爸的书画作品，客人见了他临摹的齐白石肖像和唐人诗意图，总会大赞。"画得不好，就是玩儿！"老爷子嘴上谦虚，但脸上的每道皱纹都漾着喜悦。亲友来访，老头每每会颇有兴致地展示下最近的新作；出门旅行，亦会把冲洗出来的画作照片装进行囊……

"人活七十古来稀，画中老翁九十七。学书习画人长寿，心境愉悦是根基。"白石老人肖像是老爸的得意之作，他将之裱了挂在客厅，画上题的字，也道出他的心声。

他以临摹为主，湘云眠芍、李纨教子、西厢听琴、天香图、童弈图、丰收、钟馗等他都画过，甚至还用国画颜料在宣纸上画了蒙娜丽莎！

前不久，父母带我去欧洲旅行。我们到巴黎卢浮宫参观，在镇馆之宝达·芬奇的名画《蒙娜丽莎》前，老爸举着他画的那张照片，开心地与之拍合影留念。我大笑，老头竟如此高调地嘚瑟了一回！

老爸也有自己的创作，比如他曾把生活过的北戴河村画进4尺长的卷中，囊括了村里十几处代表景观，光神态各异的人物就画了

53位！他参加纪念反法西斯战争胜利作品展，拿了个银奖，引以为豪，去年又创作了吉祥生肖系列，都是诗配画。

我们父女俩的顽皮一脉相承，于是合作捣蛋，我写了首打油反讽诗：

主人位高收礼忙，家中猫咪也沾光。
三餐鱼虾已吃腻，老鼠分羹来清场。
吃饱运动为减肥，卡在洞口须提防。
多谢懒猫把职渎，世界和谐咱共享！

老爸据此作一幅漫画：一只肥猫吃饱了鱼虾倒头酣睡，两只老鼠出来蹭吃，直撑得肚腩如鼓，路也走不动。哎玛，万一肥猫醒了翻脸，自己钻不进耗子洞可咋办？啊，有了，晃忽拉圈减肥哈，我晃我晃我晃晃晃！

信手拈来的打油诗多有趣，我还认真写过一首小诗送给老爸：

少年涂鸦显性灵，以炭为笔绘群英。
夕阳不老拾旧梦，喜舞丹青寄晚情。

老爸兴趣广、为人风趣，老妈爱唱爱笑，我也学会了在逆境中且歌且行……常有人赞我们乐观坚强，是幸福的文艺之家。其实，父母都已衰老且病痛缠身，还要照顾重残的我，日子并不轻松，未来会越来越艰难。知足与找乐子是我们对抗恐惧与忧虑的法宝。不去过多纠结与挣扎，珍惜所拥有的，把生命“浪费”在美好的事物上，亦是一种积极与洒脱。

罗曼·罗兰说：“真正的英雄主义只有一种，那就是在认清生活的真相后依然热爱生活。”

我们都是平凡的小人物，并非英雄，但不妨有点儿主义。

 "偷"来的快乐秘笈

2020年，我家老头老太加起来超过150岁高龄了。最近，这两位"七零后"老顽童"皮"了一把，上演了"夫妻双双把鸡偷"!

在下本着不怕事儿大的精神，将小视频上传视频号。结果萌翻了吃瓜群众，大家纷纷举双手双脚为他们点赞：哇，太可爱了!

这对年近八旬的老夫妻要了什么宝？背后又发生了哪些趣事？且听"小蜗牛"慢慢道来。

原来，老胳膊老腿儿的老两口偏不服老，也学年轻人，跳了一回火爆网络的捉鸡舞！配合默契，样子滑稽。

后疫情时代，人们的生活方式有所转变，我们响应号召，宅家作贡献。

如今什么最贵？当然是健康和免疫力啦!

老头、老太太每天忙家务、照顾重残的我之外，不忘坚持锻炼身体。老爸在小区做广播体操，老妈下楼晒太阳、健步走，还练习八段锦。唱歌唱戏锻炼肺活量，有助于保持好心情。

老爸这几个月还迷上刷抖音，看看新鲜事儿，包括那个擅长甩锅的特朗普又演了什么闹剧。某天他在抖音上看到一男一女跳的捉鸡舞滑稽有趣，笑着分享给我妈。

“你们也学学呗，学好了录下来，咱也传网上，多好玩儿!”在我一翻鼓动下，从没跳过舞的老两口决心迎接挑战。

年轻，有时与年龄无关，而是由心态决定的。勇于接触和挑战新事物，就是其中之一。

于是，老两口还真照着视频练起来。

网上的捉鸡舞只有短短 15 秒，这对舞林小白前后却学了不下 15 天!

我妈年轻时会点秧歌步，学捉鸡舞还快一些。我老爸跟着视频练，总是过于紧张，肌肉僵硬，手忙脚乱，缺乏起码的协调性。

“哎呀，又错了!”他沮丧地叫着，不服输，继续练。操练当中不时手脚动作顺了拐。想起赵丽蓉演的小品，“英雄的母亲”对着镜头不知先迈哪条腿好了。

过了几天，老妈悟得心法，大功将成，指导老头子：“你发现没？这个捉鸡舞里他们有些鬼鬼祟祟的，像偷鸡的。咱把这舞分解为 3 组动作：第 1 步偷鸡，左边有几只，右边有几只，都捉来；第 2 步开门，左右观察下有没有被人发现；第 3 步快跑!”

“还是丁老师聪明！高，实在是高!”前不久刚看过电视剧《父母爱情》，老爸学着剧中江德福喊安杰“安老师”的桥段，混搭《地道战》中高司令的台词，拍一回老婆的马屁，我笑倒。

老头打开音乐，碎碎念着老妈传授的“舞林秘笈”，信心满满地练习。哎呀呀，真见鬼——明明看懂了，一跳就乱套。老头恨得直拍自己大腿：“我咋就这么笨呢!”又急又累又愧又恼，汗都下来了。幸好不是学跳交际舞，他没像江司令一样踩痛踩瘸安杰的脚。

老头几度想放弃，但终于坚持下来，数日苦练，跳得顺溜多了。这天吃完午饭，老两口在家又练了几遍，然后去到楼下草地

“捉鸡”，让大儿子帮着录下来。

阿弥陀佛么么哒，太不容易了！我赶紧剪辑，上传到快手和抖音，并在朋友圈嘚瑟了下。

不少朋友看到，都打心眼儿里敬佩这对年近八旬老者的乐观豁达。

时光不停地流逝，岁月才是神偷，偷走我们的青春年华、健康活力和一些看重的东西。我爸妈已牵手走过近半个世纪的风风雨雨。他们看上去精气神不错，其实身体日渐衰老多病。因为有我这样一个患有罕见病四肢无力的女儿需要人照顾，很多时候他们是在咬牙坚持，不敢老，并且尽量保持好的状态和情绪。我们仨相依为命。有这样的父母，我是幸运的。

家里的球兰今年前后开了近 50 个球。一朵朵小花，淡淡的颜色，不耀眼不张扬，花香四溢。

这世上有些事注定无法改变，而快乐是一种习惯，也可以是一种选择。恶劣的天气与人生的磨难在所难免，但记得要把阳光、爱和梦种进心田。即使不去远方，身边亦有诗与芬芳。

致　谢

世间唯一不变的，就是变化本身。

进入新世纪尤其是近几年，各种高科技资讯铺天盖地，移动互联网浪潮迭起，变化日新月异。然而，还没等来我这病被攻克的消息!

进行性肌营养不良症，如无形的巨蟒，将我越缠越紧：每天从起床、穿衣，就离不开家人协助；双腿挛缩严重，右臂滑下去需要别人帮我“拾”上来；只剩两三根手指可勉强伸直，敲打电脑键盘失力常令我沮丧。

年近八旬的父母照料着我，而他们也一天天老去，变得健忘、多病……

我们仨相依为命，维持着脆弱的平衡。

活着已不易，难得我们还未失去勇敢的心，与时间赛跑，不断迎接挑战，包括寻找“诗和远方”。

2018 年圆梦云南。在丽江古城崎岖不平的石板路上，七十五六岁的老爸老妈背着登山包，倒着拉轮椅上的我前进，一步一步，艰难但坚定。云南行十几天，我们一路走一路歌。

2019 年春，加起来 200 岁的我们仨跟随生命之歌残疾人公益网的组织，远赴欧洲。那次我刚出院就冒险出去，很多时候凭意志力支撑，所幸平安归来。

随后，新冠疫情来了，改变了世界。我平时的活动半径基本限于小区之内，也庆幸之前勇于“折腾”的选择。

2021 年一场意外的骨折，历经打碎重来的痛苦，我沉寂已久的某些东西被唤醒。“小蜗牛”又满怀激情的上路了——这次不是去远方，而是精神上的成长。

白发爹娘始终是我最坚强的后盾。

已 80 岁高龄、身材消瘦的老爸每天用力抱我转移。有严重静脉曲张的他没抱怨过我身体沉重，咬牙坚持着，盛饭、夹菜时还总希望我多吃点。

老妈早上帮我按摩、穿衣，晚上照顾我洗完脚，借助垫子一点点把我顶上床、盖好被子她才去休息。她患高血压病、动脉硬化、大脑萎缩，脊背越来越弯曲……

生活中有许多困难和艰苦，我们学会了加一点甜，找几分乐。当老爸换上破衣衫表演济公模仿秀，诙谐的样子引人发笑；78 岁的老妈在直播间唱京剧、歌曲，还能赢得满堂彩。

感恩父母给我生命，在几十年里为我付出的所有，包括给我的精神财富。

弟弟、弟妹虽不能常回家看看，但以不同方式孝敬父母，也给我这个姐姐支持。大弟为了照顾陪伴我，放弃了去泰国普吉岛游玩；在沈阳的小弟在我两次做大手术时，都请假回来协助照料。

我和爸妈旅行到外地，探亲访友，得到大家的热情接待。

在我遇到困难的时候，一些老同学、公益伙伴都伸出援手。

去年遭遇骨折，伤情康复期，我到视频号探路，又结缘了非常多善良、温暖、高能量的老师和同学们。在这本书里，因篇幅所限，我只写到其中的几位。以后还打算采访更多人的故事，出一本新书。

我还要感谢许多原本陌生的人，感谢你们对我的每一次帮助、鼓励、支持与陪伴。我们都是生命的匆匆过客，在一个个驿站，有人上车也有人下车，有相聚就有离别。有缘相伴一程已不易，即便不舍也要挥手道别，心存感激，且行且珍惜。

我把光种在心底，你们爱的助力，让我增添了前进的勇气，小蜗牛才能走得更远，飞得更高！

身体“渐冻”的我虽然已50岁了，对这个世界仍充满好奇，在探索新的疆域。冥想、阅读、写作、参加各种训练营课程的学习、做短视频、直播、签售图书、锻炼身体……

因病行动迟缓，我更需要做好时间管理、精力管理、情绪管理等，也学习了一些方法提升效率。

我有了新的创业梦想，成为一名成长教练或心灵激励导师。澳大利亚心灵激励大师尼克·胡哲是我的偶像兼榜样人物。我希望可以帮助那些遇到挫折容易陷入沮丧、怀疑、抱怨的人，重新振作起精神，提升认知，树立目标，勇于突破一个个障碍，活出不设限的精彩。

帮助别人，也是帮助我们自己。

听说过相信相信的力量吧？有不少人看见了才会相信，而有些具备判断力的人，因为相信所以看见，因为看见所以坚持。

本书能够修订再版，还要感谢陈冬牛先生帮联络，感谢求真出版社编辑陈淑燕老师的辛苦付出，也感谢所有支持我的人们。

认真列的话，感恩清单就要列几页哈，此处不再详述。

亲爱的读者，期待掩卷时你能喜欢这本书，为那些温暖而有趣的灵魂，希望也能带给你些许启发和力量。当我们改变不了别人时，就从心出发，改变自己。

愿你不负此生，不管拿到怎样一手牌，都努力打得精彩。

愿你心里有爱，眼里有光，享受生活中的美好，被这世界温柔以待……

曲晶

2022 **年** 8 **月**

图书在版编目（CIP）数据

飞翔的蜗牛："渐冻人"的生命笔记 / 曲晶著. —北京：求真出版社，2022.11

ISBN 978－7－80258－292－7

Ⅰ.①飞…　Ⅱ.①曲…　Ⅲ.①成功心理—通俗读物
Ⅳ.①B848.4－49

中国版本图书馆 CIP 数据核字（2022）第 175376 号

飞翔的蜗牛
"渐冻人"的生命笔记

著　　者：曲晶
责任编辑：陈淑燕
出版发行：求真出版社
社　　址：北京市西城区太平街甲 6 号
邮政编码：100050
印　　刷：北京中科印刷有限公司
经　　销：新华书店
开　　本：710×1000　1/16
字　　数：200 千字
印　　张：15.5
彩　　插：0.25 印张
版　　次：2022 年 11 月第 1 版　2022 年 11 月第 1 次印刷
书　　号：ISBN 978－7－80258－292－7/B·28
定　　价：56.00 元
销售服务热线：（010）83190520